Petite anthologie du conte

Dans la même collection :

Petite anthologie du Fantastique
Petite anthologie du Policier
Petite anthologie de la Mythologie
Petite anthologie du Théâtre comique

Collection dirigée par
Michel Piquemal
et Régis Delpeuch

ISBN : 2-84117-144-2

Société d'Édition et de Diffusion pour la Recherche et l'Action Pédagogique.
9 rue des Frères-Boudé • BP 10665 • 31106 TOULOUSE Cedex
www.sedrap.fr

Loi n°49-956 du 16 juillet 1949 sur les publications destinées à la jeunesse.
Dépôt légal : décembre 1998
réf : rccoza
Imprimé en France par **France Quercy** – mars 2006 – n° 60775

Textes réunis par
Michel Piquemal
et Daniel Royo

Préfacés par
Jean-Pierre Kerloc'h

Petite anthologie du conte

Illustrations de
Alain Compans

Illustration de couverture
Lalou

SEDRAP Jeunesse

PRÉFACE GÉNÉRALE

QU'EST-CE QU'UN CONTE ?

Une première approche permet de définir le conte comme un récit court, de tradition orale, de type merveilleux, d'origine ancienne, appartenant à la littérature populaire.

Mais il faut bien constater qu'une telle définition ne saurait être vraiment satisfaisante. Examinons de plus près quelques-uns de ses termes.

Tradition orale ? Peut-être. Mais observons que la plupart des contes que nous connaissons ne nous ont pas été transmis par des conteurs, le soir, à la veillée, mais plutôt sous une forme écrite, lus par des adultes lorsque nous étions enfants, ou par nous-mêmes à travers des livres.

Merveilleux ? Certes. Mais il existe des contes faisant référence à la vie quotidienne dans ce qu'elle peut avoir de plus banal.

D'origine ancienne ? C'est vrai. Mais on peut lire des contes modernes et même très contemporains.

Appartenant à la littérature populaire ? Force est de constater que certains contes, affichant des formes extrêmement élaborées et faisant appel à un registre de langue recherché, s'inscrivent, de ce fait, dans la littérature savante.

Alors ?

Alors, puisqu'il semble s'agir d'un genre aux formes multiples, en évolution à coup sûr, en dépit du caractère figé, stéréotypé, qu'on lui prête parfois, essayons une autre approche.

Remontons aux origines : à celle du mot et de la chose.

LE CONTE EST UN COMPTE.

« Conte » et « compte » ont la même parenté linguistique, ils appartiennent à la même famille étymologique.

Conter, tout comme compter, dérive du verbe latin computare qui signifie « calculer », c'est-à-dire mettre ensemble de petits cailloux (« calculs » du latin calculus) en les égrenant un par un.

Si l'on jette un coup d'œil dans quelques langues cousines ou voisines, on relève qu'en anglais le verbe to tell, qui signifie « raconter », sert aussi pour exprimer l'idée de compter, d'énumérer, d'égrener son chapelet. Et the teller est aussi bien le « raconteur », le narrateur, que le caissier ou le guichetier. En espagnol, le verbe contar signifie « compter » mais aussi « raconter » (à côté du verbe narrar). Même chose en italien pour le verbe contare. Quant à l'allemand,

« conter » se dit erzählen *et « compter, énumérer » se traduit par* zählen. *On retrouve dans ces deux verbes le même radical* zähl *qui signifie « chiffre, nombre ».*

Intéressant, non ?

Donc, « conter », c'est, d'une certaine façon, égrener dans le bon ordre les mots et les éléments d'une histoire, sans en oublier aucun. Conter c'est faire un compte. Comme dans une comptine.

Ces observations nous invitent, au passage, à réfléchir à l'importance des chiffres dans les contes, à l'énumération chronologique des événements : les trois épreuves, les trois voyages, les cinq frères, les sept nains…

Il peut aussi venir à l'esprit l'image du chapelet qu'on égrène entre les doigts : là encore chiffres, rythmes, rites…

Et cela va nous conduire tout naturellement à évoquer le caractère sacré, religieux, du conte dans ses origines.

AU COMMENCEMENT DU CONTE ÉTAIENT LES DIEUX.

Au commencement du conte étaient les divinités. Les hommes des sociétés primitives étaient plongés dans un monde animé de phénomènes naturels, réguliers ou aléatoires, qu'ils ne comprenaient pas : le retour quotidien du soleil à l'horizon, celui des marées, les métamorphoses de la lune, les saisons, les tempêtes, les averses, le brouillard, la maladie, la mort, la naissance...

Avec les peurs et les espérances qui s'y attachaient : le soleil reviendra-t-il après la nuit, et le printemps après l'hiver ? La pluie viendra-t-elle fertiliser les cultures ? Qu'y a-t-il après la mort ?

Parce que ces forces les subjuguaient, ils les ont élues au rang de divinités : le dieu soleil, le dieu fleuve, la déesse lune, la déesse terre, le dieu arbre, le dieu crocodile, le dieu anaconda... Et pour mieux comprendre les comportements de ces entités qui présidaient à leur destin, mieux les invoquer et les satisfaire, les humains ont inventé les mythes.

D'où la naissance d'une mythologie, c'est-à-dire d'un ensemble de récits à caractère sacré, fournissant une explication sur le pourquoi et le comment des choses, et aussi un ensemble de principes pour conduire leur vie d'hommes.

Les Égyptiens ont divinisé le soleil et le Nil dont dépendait leur survie, la chaleur de l'un et les crues de l'autre jouant un rôle déterminant dans la réussite de leurs cultures. Certaines tribus amérindiennes pratiquaient des danses sacrées pour appeler la pluie. Mais si l'eau est nécessaire, point trop n'en faut, et Dieu nous préserve de l'inondation. C'est pourquoi, chez les Hébreux, l'arc-en-ciel apparaissait pour rappeler la promesse, faite par Jéhovah, de ne pas provoquer un nouveau déluge. Cet arc-en-ciel représentait, aux yeux des Grecs, l'écharpe de la déesse Iris, symbolisant, là encore, le lien entre le ciel et la terre, entre les dieux et les hommes. Ces mêmes Grecs évoquaient le soleil sous la forme d'un jeune homme lançant son char de feu à travers la voûte du ciel, puis baignant ses chevaux dans l'océan, avant d'aller dormir dans son palais d'or, pour repartir le lendemain dans une nouvelle course céleste.

Le mot « mythe » vient du grec muthos qui signifie « récit, histoire ». On peut, certes, imaginer que les membres des sociétés primitives croyaient à ces histoires. Mais lorsqu'il s'agit des Égyptiens, des Grecs, des Romains, qui avaient développé de remarquables connaissances scientifiques en matière d'agriculture, d'irrigation, de topographie, de géométrie, d'arithmétique, d'astronomie... on peut se demander si on avait affaire là à de fermes croyances religieuses ou, *plus simplement, à des légendes symboliques, destinées à former ou à enchanter l'esprit de ceux qui les écoutaient.*

Après tout, aujourd'hui, nous savons scientifiquement que le soleil ne tourne pas autour de la terre, ce qui ne nous empêche pas d'affirmer que le soleil se lève à l'est, façon bien pratique de dire les choses. Nos mentalités modernes demeurent imprégnées de ce genre de croyance. Nous croyons encore, le temps d'une histoire, que le chant du coq ou la lyre d'Orphée peut faire sortir le soleil de la nuit. De même, quand il pleut et fait soleil en même temps, ne dit-on pas que le diable bat sa femme.

ET LES DIEUX SONT TOMBÉS SUR LA TERRE.

Mais les dieux anciens, qui s'ennuyaient sans doute, sont descendus de leur Olympe ou de leur piédestal, ils se sont mêlés aux humains, aux animaux, aux plantes. Ils ont aimé. Ces amours ont parfois donné le jour à une descendance étrange par son aspect et ses pouvoirs surnaturels : Hercule, le Minotaure, les centaures, les sirènes, les dragons...

Les héros, les magiciens, les fées et les monstres descendent tout droit de ces entités encore marquées par le divin. Les fées (« fée » se dit fata *en latin) et autres fadettes sont les héritières des Moires grecques* ou des Parques romaines, celles qui tranchaient les fils des vies humaines, instruments d'un destin appelé fatum.

Avec les histoires de fées, nous quittons le monde du religieux et du sacré pour entrer dans le monde du merveilleux et du magique. Nous glissons du mythe vers le conte. Encore que certains spécialistes, comme Georges Dumézil, considèrent que conte et mythe sont inséparables. L'Odyssée est-elle un mythe ? un conte ? Et que dire des aventures de Simbad le marin ou des voyages de Sadko le Russe ? Et avec les exploits des chevaliers de la Table ronde, sommes-nous encore dans le mythe, dans une série de contes, ou déjà dans le roman d'aventure ?

On le voit, on pourrait passer insensiblement du mythe au conte, du conte au roman de chevalerie, du roman de chevalerie au roman de cape et d'épée, jusqu'au roman moderne. Passer du religieux au merveilleux puis du merveilleux au profane. Un raccourci, certes un peu simpliste, pourrait ainsi nous conduire d'Ulysse à Lancelot, de Lancelot à Robin des bois, à d'Artagnan et à bien d'autres encore.

Avec une figure dominante, celle du héros. Et un motif fondamental, celui du voyage initiatique.

LE CONTE EST LE RÉCIT D'UN RITE DE PASSAGE.

Dans les sociétés primitives, et aujourd'hui encore, dans certains groupes sociaux ou ethniques attachés à une tradition antique, le passage de l'état d'enfant à celui d'homme ou de guerrier est l'objet d'une cérémonie, ou plutôt d'un ensemble de pratiques rituelles appelé initiation.

Et, chose remarquable, si l'on considère le schéma général de ces rites, à travers les âges et les lieux, on constate qu'ils suivent, en gros, le même modèle :

– rejet : le jeune est chassé de la communauté, du village... ;
– série d'épreuves ;
– enfermement dans un enclos, une grotte, un lieu obscur ;
– rencontre avec les « dieux » (les grands ancêtres de la tribu) ;
– destructuration (le postulant est vaincu, terrassé, mis en pièces) ;
– marque, blessure (circoncision, scarification...) ;
– renaissance et sortie de l'enclos ;
– attribution d'un nouveau nom, d'un nouveau statut ;
– réintégration dans la communauté.

On peut parler à ce sujet d'un rite de double inté-

gration. Intégration verticale : rencontre avec les grands anciens, la lignée des morts, ceux qu'on appelle les « dieux » de la tribu. Intégration horizontale : accueil dans la société des adultes vivants.

On retrouve un schéma comparable chez Vladimir Propp et sa Morphologie du conte, *ouvrage publié en 1928 mais toujours d'actualité. Il y affirme que tous les contes merveilleux ont la même structure, cette structure étant définie par un nombre limité de fonctions (trente et une) se présentant toujours dans le même ordre. En voici les principales :*

- éloignement (du héros ou de quelqu'un de son entourage) ;
- transgression (d'un interdit ou de la loi) ;
- méfait (intervention d'une force ennemie) ;
- départ du héros quêteur ;
- première épreuve (le héros commence à faire ses preuves) ;
- réception de l'objet magique (donné par un allié ou conquis) ;
- déplacement ;
- combat ;
- marque (reçue par le héros : blessure, couleur, vêtement...) ;
- victoire ;
- retour ;
- arrivée incognito ;

– *prétentions mensongères (d'un faux héros) ;*
– *tâche difficile (par laquelle le héros est reconnu comme tel) ;*
– *transfiguration (le héros change d'apparence, de statut, de nom…) ;*
– *mariage ou triomphe.*

Il suffit de penser, par exemple, à « Peau-d'Âne », à « Cendrillon », à « Frérot et Sœurette », à la fin de l'« Odyssée », pour reconnaître la validité d'un tel schéma.

Les contes de type initiatique, mettant en scène le difficile cheminement des héros, constituent autant de petites initiations symboliques pour ceux qui les écoutent ou les lisent. Pour tout un courant de pensée qui va de Bruno Bettelheim à Jacques Lacan, en passant par Marie-Louise von Frantz, ces récits, en touchant les couches de leur inconscient, permettraient aux enfants d'aborder et de dépasser un certain nombre de situations angoissantes (éveil de la sexualité, agressivité envers le père, rivalité avec la mère…). Et ce, tout en s'appropriant progressivement « des modèles de comportement humain » comme le dit Mircea Eliade, des principes qui constituent le code de bonne conduite de la société dans laquelle ils doivent s'intégrer et qui vont donner du sens à leur existence.

Certes. Néanmoins, il ne faudrait pas oublier que les contes anciens s'adressaient autant aux adultes qu'aux plus jeunes et que, par ailleurs, ils véhiculaient une « sagesse » contestable, un mode de vie où le pouvoir appartenait aux hommes. L'initiation des jeunes héroïnes de contes étant limitée, le plus souvent, à une courte aventure, à une échappée, belle mais éphémère, les conduisant de la tutelle de leur père à celle d'un prince dit charmant. Avec, pour tout idéal, le mariage et beaucoup d'enfants. N'est-ce pas un système de valeurs quelque peu dépassé, sur certains points du moins ?

Ces dernières réserves faites, on ne peut que recommander la lecture du célèbre ouvrage de Bruno Bettelheim *The use of enchantment*, diffusé en France sous le titre astucieusement commercial de *Psychanalyse des contes de fées* (mais qu'il aurait peut-être été plus rigoureux de traduire par *De l'utilité du merveilleux* ou bien encore *Du bon usage du merveilleux*). Celle aussi de *L'Interprétation des contes de fées* de Marie-Louise von Frantz, moins facile, sans doute, mais à notre avis plus approfondi.

Cependant le conte initiatique n'est pas la seule forme issue des mythes premiers.

LES CONTES COSMOGONIQUES ET ÉTIOLOGIQUES

Les contes cosmogoniques parlent de faits expliquant l'origine de l'univers. Les contes étiologiques (du grec aition, « cause, origine »), proposent des explications sur l'origine, le comment et le pourquoi des phénomènes ou de petits faits qui font partie de l'environnement.

Vous voulez savoir « pourquoi le moustique bourdonne à nos oreilles » ? Les Africains de l'Ouest vous expliqueront qu'il subit là, à travers sa descendance, une punition sanctionnant une action néfaste commise il y a bien longtemps. Il avait, à la suite d'un gros mensonge et d'une cascade de hasards malencontreux, provoqué la mort d'un bébé hibou. Et Mère Hibou en avait ressenti un tel chagrin qu'elle refusait désormais de faire lever le soleil. Consternation des animaux plongés dans la nuit. Pour apaiser Mère Hibou et faire revenir la lumière, il fallait que le moustique soit puni. Et si aujourd'hui encore, il bourdonne à nos oreilles... c'est pour prendre une claque.

Sous le même titre, les Vietnamiens racontent que le moustique est une épouse infidèle qui cherche son mari, pour lui prendre trois gouttes de sang, afin de retrouver sa forme de femme.

Et si vous voulez savoir comment le chameau est

devenu laid, un conte russe vous dira que c'est parce que le cerf et le cheval lui ont volé, l'un ses cornes, l'autre sa queue, un jour qu'il les avait enlevées pour prendre un bain.

On pourrait multiplier les exemples : pourquoi les éléphants ont une trompe (Afrique), pourquoi le putois pue, pourquoi le ciel ne tombe pas (Amérique), pourquoi le ciel est très haut (Afrique), pourquoi il y a des vagues, des marées, pourquoi la mer est salée (Asie), pourquoi il y a des Blancs, des Noirs et des Tziganes, pourquoi les femmes ne sont pas barbues (Asie), pourquoi certains hommes sont chauves...

À côté des « pourquoi », il y a les « comment » : comment sont nés la pomme de terre, le maïs, le tabac (Amérique), le chagrin (Afrique), la première femme, la lune et le soleil, les montagnes, les nuages...

Ces récits, qui se rattachent aux mythes anciens, continuent à rester vivaces dans notre monde contemporain, pourtant largement affranchi de la pensée magique. Ils sont particulièrement appréciés des enfants, sans doute parce qu'ils leur apportent des réponses aux grandes questions que ces mêmes enfants se posent sur leur monde. L'un des traits de l'enfance, on le sait, est d'être justement l'âge des « pourquoi » et des « comment ». On notera également que ces histoires peuvent donner, à ceux qui les écoutent, l'envie d'en inventer à leur tour. Porte ouverte à l'imagination et à la création.

Des ouvrages savants existent sur le sujet, nous nous bornerons ici à citer les Trois cent soixante-cinq contes des pourquoi et des comment, *rassemblés par Muriel Bloch, une promenade agréable et facile, pour jeunes et moins jeunes, à travers des contes du monde entier.*

RENCONTRE AVEC LES CONTES DU TROISIÈME TYPE

Les deux premiers types de contes évoqués nous paraissent essentiels. Mais les spécialistes font appel à quelques autres catégories pour classifier les contes. Évoquons les principales.

– Les contes facétieux.

Les contes facétieux, malicieux, satiriques, parfois scatologiques ou paillards, se situent dans le droit fil de la tradition populaire. Proches de la farce ou des fabliaux du Moyen Âge, ils ne se servent plus nécessairement des animaux pour représenter les humains. Ils se débarrassent de la parure du merveilleux pour s'installer dans le cadre réaliste de la vie quotidienne, sans se préoccuper des tabous ni de la bienséance. Leur but? Faire rire, du bon gros rire du peuple.

Nos lecteurs connaissent sans doute « La soupe aux cailloux ». Ils en liront deux autres avec « Les habits neufs de l'empereur » et « La pluie de nouilles », variante d'un conte russe intitulé « Quand les crêpes tombèrent du ciel ».

– Les contes dits « de randonnée », appelés encore ritournelles ou serinettes, s'adressent en général aux plus jeunes. Leur structure se caractérise par l'énumération, la répétition ; bref, on y retrouve une des racines du conte : le comptage... L'histoire de Biquette qui ne veut pas sortir du chou en est un exemple connu de tous, de même que « La maison que Jack a bâtie », ou bien « Le grand, gros, énorme rutabaga qui ne voulait pas sortir de terre » (conte russe) ou « La guerre des légumes » (conte japonais).

On en trouvera un bel exemple dans les pages qui suivent, avec « Comment l'araignée a payé ses dettes ».

– Les contes dits « de sagesse ».

Tous les grands contes véhiculent une sagesse, mais chez certains, elle est plus essentielle, ou plus explicitée. Ils posent ou exposent un certain nombre de préceptes et d'avertissements. Raconter « Peau-d'Âne », c'est une manière de dire qu'on ne marie pas les filles avec leur papa. Quant aux trois petits cochons, leur mésaventure montre qu'un travail soigné, certes prend plus de temps qu'un travail bâclé, mais se révèle finalement plus avantageux (mise en valeur du principe de réalité par opposition au principe de plaisir, dirait Bettelheim). De même « Frérot et Sœurette » met en scène la longue et difficile conquête de la maîtrise de soi, face aux tentations rencontrées en chemin.

L'histoire des cinq aveugles et de l'éléphant ne manque, elle non plus, ni de saveur ni de force. Palpant successivement la trompe, les oreilles, une patte, la queue, une défense, chacun rend ensuite son verdict à tour de rôle : l'éléphant est un serpent, l'éléphant est un chasse-mouches, l'éléphant est un tronc, l'éléphant est une corde, l'éléphant est un os. Voilà qui en dit plus sur la fragilité des témoignages et des connaissances qu'un long et savant exposé.

DU CONTE ORAL AU CONTE ÉCRIT, DU CONTE POPULAIRE AU CONTE LITTÉRAIRE

Le passage de l'oralité à la forme écrite nous paraît un fait essentiel dans l'histoire des contes.

On peut penser que l'écriture a sauvegardé nombre de contes, en les préservant de l'oubli. Elle les a fixés. Mais elle en a peut-être aussi dénaturé l'esprit.

L'imprimerie a sans doute joué un rôle décisif en

ce domaine, en facilitant le développement d'une lecture populaire de livres de colportage, au détriment progressif d'une littérature de conteurs.

On peut voir aussi, dans l'apparition des contes écrits, le souci de quelques auteurs de donner ses lettres de noblesse au conte en les réécrivant sous une forme plus élégante, plus épurée.

Les fabliaux du douzième siècle constituent un des premiers exemples de passage du populaire au littéraire : le fond est résolument paillard ou satirique, ne reculant devant aucun procédé comique, même grossier ; la forme, recherchée, fait appel à des vers en hexamétriques ou octosyllabiques. C'est dans cette même tradition que s'inscriront les Contes de La Fontaine, *qu'une tradition scolaire pudibonde continue souvent à occulter aux élèves de nos lycées et collèges. On pourrait aussi considérer* Le Roman de Renart, *parodie des chansons de gestes, comme une succession de petits contes.*

S'agissant de contes écrits, un nom s'impose, celui de Charles Perrault qui, au dix-septième siècle, sans doute en collaboration avec son fils Pierre, « fixera » bon nombre de ces Histoires ou contes du temps passé *qui ont enchanté l'enfance de plusieurs générations. Tout comme son contemporain La Fontaine, Perrault s'efforça de retranscrire, dans une langue alerte et apparemment simple, les récits légués par la* tradition populaire. Avec parfois quelques écarts et infidélités. Ainsi son « Chaperon rouge », avec sa fin tragique, a été transformé de la sorte pour devenir un récit de mise en garde destiné aux jeunes filles, proies rêvées pour ces grands méchants loups que sont les séducteurs. La comparaison avec le Chaperon des *Contes d'enfants et du foyer* des frères Jakob et Wilhelm Grimm, parus au dix-huitième siècle, est éclairante : le Chaperon et la mère-grand sont sauvés par des chasseurs qui ouvrent le ventre du loup. L'important, ici, n'est pas tellement la fin plus heureuse, mais bien son aspect initiatique : mangé par le loup, enfermé dans un espace fermé, le Chaperon renaîtra à la vie, riche d'une expérience, certes fâcheuse, qui l'aura transformé.

Le dix-neuvième siècle verra la publication des *Contes pour enfants* du Danois Hans Christian Andersen, écrivain et conteur lui-même, donnant naissance à des personnages aussi mondialement connus que la Petite Sirène, le Vilain Petit Canard ou la Petite Fille aux allumettes. Avec lui, le conte commence à s'évader des schémas figés par la tradition et peut aller jusqu'à des formes proches de la fable, de la satire ou de la nouvelle.

LES CONTES MODERNES

Nous ne parlerons pas ici des auteurs visant essentiellement un public d'adultes, que ce soit Voltaire, à travers ces longues fables philosophiques que sont Zadig ou Candide, ou que ce soit ces écrivains plus proches de nous qui, en abandonnant le merveilleux pour le réalisme ou, à l'opposé pour le fantastique, glissent vers un genre voisin du conte, celui de la nouvelle : Honoré de Balzac, Théophile Gautier, Villiers de l'Isle-Adam, Prosper Mérimée, Guy de Maupassant, Alphonse Daudet...

Nous n'entreprendrons pas non plus de développement sur ces contes contemporains que sont le western, avec ses super-héros et leurs revolvers « magiques » ; ou certains récits de science-fiction initiatiques, comme Dune ou La Guerre des étoiles, que ce soit sous forme de films ou de bandes dessinées.

Nous ne nous étendrons pas davantage sur Le Petit Prince de Saint-Exupéry et Alice au pays des merveilles de Lewis Caroll, ces œuvres appartiennent à la mémoire du Monde et mériteraient des dizaines de pages à elles seules. Et puis, tant d'autres les ont lues et commentées avant nous... Nous ne parlerons pas non plus de Bilbo le Hobbit de John Tolkien qui, pour être un récit, merveilleux et initiatique, est plus une longue épopée fantaisiste qu'un conte.

Nous nous limiterons au domaine des écrits courts, récents et accessibles à un jeune public.

Certains auteurs rassemblent par écrit des contes entendus, ou rencontrés dans leurs lectures, comme Philippe et Ré Soupault dans leurs Histoires merveilleuses des cinq continents *; comme Nacer Khémir dans* L'Ogresse *ou Rabah Belamri dans* L'oiseau du Grenadier. *D'autres reprennent les structures et retrouvent le style des contes anciens. C'est le cas, par exemple, de Gennadji Spirin dans* La princesse qui ne riait jamais, *d'Alix Berenzy dans* Le Prince Grenouille, *de Jacques Cassabois dans* Les quatre fils de la Terre, *récit cosmogonique évoquant la naissance des saisons ; ou de Christian Léourier dans* Comment les fleurs vinrent aux genêts, *une histoire à la fois étiologique et initiatique.*

D'autres auteurs les transposent, par la langue et le décor, dans notre univers contemporain. D'autres encore vont plus loin, et, de manière fort iconoclaste, prennent le conte à rebrousse-poil. En ce domaine, il faut lire ou relire les Histoires comme ça, *de Rudyard Kipling, où il explique comment il poussa une bosse au chameau, comment le léopard se fit des taches, comment on inventa l'alphabet... On se promènera avec délices à travers les étymologies farfelues de Robert Escarpit dans les* Contes de la Saint-Glinglin *; dans les* Contes à l'envers *signés par Boris Moissard* *et Philippe Dumas, avec leur petit Chaperon bleu marine ou leur Belle au doigt bruyant, ou encore à travers les* Histoires au téléphone *et autres* Histoires à la courte paille *de Gianni Rodari, sans oublier les* Contes de la rue Broca *de Pierre Gripari. On pourra aussi (re)découvrir avec bonheur ces petits bijoux trop méconnus que sont* Les Contes de la souris chauve *de Roger Rudigoz. Sans oublier le recueil intitulé* Un conte peut en cacher un autre *dans lequel Roald Dahl reprend de manière irrévérencieuse quelques grands classiques comme « Blanche-Neige » ou « Cendrillon ».*

On remarquera aussi l'intéressante tentative de la collection « Paroles de conteurs », dans laquelle, par le choix de la mise en pages et de la typographie, on essaie de produire un équivalent graphique transcrivant « le souffle, l'intensité, le rythme, le poids des mots... ».*

ET POUR CLORE NOTRE CONTE...

... nous observerons que dans les temps anciens, le conte était chose sérieuse. Sans doute à cause de ses origines sacrées. Il affichait ses rituels et réclamait un certain respect. On ne racontait pas n'importe

** Éditions Syros*

comment, n'importe où, n'importe quand. En Afrique, chez les Dogons, c'était à la saison sèche ; chez nous en France, à la veillée, auprès de la cheminée.

Conter, c'était communier en donnant à entendre une certaine parole. En Afrique, cette parole « d'huile » s'oppose à la prose banale de tous les jours, la parole « d'eau ». La tache d'eau répandue sur un linge s'évapore sans laisser de trace. La tache d'huile s'élargit en auréole et demeure, parfois de manière indélébile. Ainsi, certains contes pénètrent nos âmes.

En Afrique, raconter est un métier. Ces bardes que sont les griots ont un statut social reconnu. Il en va de même à Madagascar, en Haïti, en Turquie, au Tibet... Dans nos sociétés occidentales, les nouveaux conteurs à l'ancienne, s'essayant à restituer les atmosphères perdues, en refaisant les gestes antiques et en proférant les paroles rituelles, sont parfois considérés comme des nostalgiques bons pour le musée ethnologique. Pourtant, n'accomplissent-ils pas un cérémonial authentique, proche d'un acte de foi, pour redonner vie à quelque chose d'essentiel à l'homme, dans un monde où celui-ci perd ses valeurs et ses repères ?

De même, que penser de ces auteurs qui tentent de retrouver la magie des contes d'autrefois à travers le langage, les formes et les thèmes ? Faut-il les considérer comme d'habiles faussaires ou d'honnêtes artisans, ciselant de jolies copies d'ancien ?

Et ces écrivains qui font et défont les contes et les tricotent à l'envers, jouant ainsi les démythificateurs ! Craindraient-ils de mettre en péril leur statut d'écrivains en prenant le conte au sérieux ?

Ce qui est clair, en tout cas, c'est que ces recréations, ferventes ou iconoclastes, n'auraient pas la même saveur si les contes classiques qu'ils revisitent ne préexistaient pas dans la mémoire individuelle ou collective de ceux qui les consomment.

Et puis, qu'importe au bout du compte (du conte) ?

Puisque le conte est toujours là, renaissant de ses cendres comme l'oiseau Phénix (tiens, encore un mythe !) et renouvelant l'enchantement, au triple sens du terme, c'est-à-dire le merveilleux, la fascination et le plaisir extrême des petits...

... et des grands qui ont gardé un enfant au fond de leur cœur.

Et cric et crac, mon conte est fini.
Et s'il est menteur,
je n'en suis pas l'auteur.

1/CONTES D'ORIGINE

A. Contes cosmogoniques

Pour leur définition, le lecteur se reportera avec profit aux pages 7, 8 et 15 de la préface.

LA NAISSANCE DES HOMMES
conte aztèque

Le soleil naquit. Tous les jours il effectuait un long parcours dans le ciel, et la nuit était toujours remplacée par la Lune. Tout sur la Terre était ordonné. Les arbres étaient bien verts et l'air était parfumé par des fleurs multicolores. Les rivières et les lacs grouillaient de toutes sortes de poissons ; des volées d'oiseaux déployaient leurs ailes sous le ciel bleu et il y avait alors sur la Terre un nombre infini d'animaux. Aucun des êtres vivants n'eut pourtant l'idée de remercier les dieux pour la création du Soleil, et ceux-ci en furent un peu attristés.

« Eh bien », se dirent-ils finalement, « nous créerons l'homme ! Celui-ci nous sera éternellement reconnaissant ». Sitôt dit, sitôt fait.

Ce fut le dieu Tláloc qui commença. Il prit de la terre à pleines mains et sous ses doigts agiles apparut très vite un homme. Il était très laid. Il avait un gros ventre, des jambes maigres et une tête épouvantable ! Vraiment, ce ne fut pas une réussite ! Dès que cet homme façonné par Tláloc atteignit, sur ses jambes rigides et maladroites, la première flaque d'eau, il tomba et il n'en resta bientôt qu'une boule de boue noire.

« Seul Tláloc pouvait avoir une telle idée », se moqua le vieux Xipe Totec, dont le nom signifie « notre Seigneur l'écorche ». « Quelle idée de modeler un homme en terre ! Patientez un peu, vous verrez que mes hommes seront autrement plus résistants. »

Il saisit son couteau en obsidienne bien aiguisé, ramassa dans la forêt des branches d'arbres et sculpta des hommes en bois. On aurait dit des marionnettes. Elles avaient, il est vrai, tout ce qui fait l'homme – une tête, deux bras et deux jambes ainsi qu'un nez et deux oreilles, mais malgré cela les hommes en bois se comportaient dans la vie comme des marionnettes.

Jamais leur visage ne s'illuminait d'un sourire, jamais leurs yeux n'étincelaient et personne ne les vit jamais pleurer. Et pire encore, ils frappaient sans pitié les animaux, ne leur donnaient pas à manger et laissaient des pots en terre sur le feu jusqu'à ce que la chaleur insupportable les fasse éclater. Ils finirent même par se battre entre eux avec une telle violence que leurs membres en bois se brisèrent. Ces hommes-là aussi ne plurent pas aux dieux et connurent une fin bien triste. Un jour, les animaux ainsi que les pierres, les bâtons et les pots leur déclarèrent la guerre. Ils allumèrent un feu énorme et poussèrent les hommes en bois dans les flammes où ils furent réduits en poussière, comme s'il s'agissait encore de simples branches sculptées par Xipe Totec.

Le dieu noir Tezcatlipoca s'attela à son tour à la difficile tâche :

« Il y a beaucoup de bois et de terre dans le monde », dit-il. « On ne devrait pas s'en servir pour créer des hommes. L'or est plus rare et plus beau. » Ainsi Tezcatlipoca créa des hommes en or et inséra de précieuses émeraudes dans leurs orbites. Les enfants de Tezcatlipoca n'étaient pas nombreux, mais il en émanait une telle clarté, une telle brillance que cela en était éblouissant. Tezcatlipoca les protégeait, tout le monde devait les servir et tous en avaient peur. Ils en profitaient et prenaient tout ce qui leur faisait envie.

Enfin, le dieu sage et respecté Quetzalcóatl s'interposa et rendit visite un jour à Tezcatlipoca pour lui dire :

« Tout le monde en a assez de tes hommes prétentieux et fainéants. Ils ne bougent même pas leur petit doigt et vivent de ce qu'ils prennent aux autres. Cela ne peut plus durer ainsi. Les hommes doivent tout obtenir par leur propre travail. Et moi, je vais maintenant créer de tels hommes. Des hommes qui sauront apprécier la vie comme un don précieux et en seront reconnaissants. Des hommes qui amélioreront leur vie par leur propre travail. »

Et Quetzalcóatl ne tarda pas à agir.

Il envoya un renard, un coyote, un perroquet et un corbeau pour aller chercher un peu de maïs jaune et blanc.

Il mélangea les farines de maïs, puis enfonça dans sa main une épine et ajouta à la farine quelques gouttes de son sang. Il travailla soigneusement la pâte et un nouvel homme commença bientôt à naître. Le corps d'abord, puis la tête, les bras et les jambes. Lorsque la petite créature fut terminée, Quetzalcóatl lui insuffla la vie.

Depuis ces temps-là vivent sur la Terre des hommes de sang – les Indiens mexicains. Ils s'occupent de leurs champs, cultivent le maïs et les tomates, pêchent des poissons et, lorsqu'ils ne savent pas comment faire, ils s'adressent à leur sage créateur.

In *Contes aztèques,* Kaspar Oldrich, trad. du tchèque par Ilona Lartigue, Éditions Gründ, 1995

LES FOURMIS
conte amérindien

Au commencement des temps, il y avait l'eau. Rien d'autre que de l'eau.

La terre et la mer ne faisaient qu'une.

Dans cet océan vivaient deux frères indiens. Ils se nommaient Tchaipakomat et Kokomat. Ils ne voyaient rien car ils n'ouvraient point les yeux de peur que le sel ne puisse pénétrer sous leurs paupières.

Un jour, Tchaipakomat monta à la surface, sortit sa tête au-dessus des flots et ouvrit les yeux. Mais il ne vit qu'une immense surface liquide qui s'étendait à perte de vue.

Kokomat, le frère cadet, attendait son frère au fond, mais rongé par l'impatience, il trouva l'attente trop longue et il se mit à monter à travers l'eau profonde pour rejoindre Tchaipakomat à la surface. Seulement, dans sa hâte, il ouvrit les yeux avant d'atteindre la surface et l'eau l'aveugla.

– Il nous faudra bien faire quelque chose avec toute cette eau, décida l'aîné des frères.

Là-dessus, il prit dans sa main en conque un peu d'écume qui flottait sur les vaguelettes et l'éparpilla sur le miroir aquatique.

Celle-ci se transforma aussitôt en fourmis rouges.

– Voyons un peu cela, s'écria joyeusement Tchaipakomat, et il se mit à drainer l'écume et à éparpiller les fourmis sur la mer. Elles furent bientôt si nombreuses qu'elles repoussèrent l'eau.

Ainsi apparut la Terre.

Ensuite Tchaipakomat prit de l'écume dans l'autre main, et lorsqu'il tendit la paume vers le ciel, s'éleva dans les airs une bande de magnifiques flamants roses.

Mais comme le monde était encore enveloppé d'obscurité, les flamants se perdirent bientôt dans les ténèbres.

– Il me faudra les éclairer, constata Tchaipakomat.

Il prit alors de l'eau dans sa bouche et la souffla aussitôt vers les hauteurs célestes.

Ainsi fut créée la Lune.

Mais sa faible lueur ne perçait que difficilement le ciel d'encre et le monde resta toujours enveloppé d'un clair-obscur.

Alors Tchaipakomat prit dans sa bouche un peu plus d'eau et la souffla bien plus haut que la fois précédente.

Soudain, dans les profondeurs du ciel, le Soleil se mit à briller de ses mille feux et le monde entier s'éclaira tout à coup, comme par enchantement.

In *Contes de la prairie et du Nouveau Monde,* Éditions Gründ

LE SOLEIL ET LA LUNE
conte esquimau

C'était il y a bien longtemps : un homme vivait dans un village avec sa femme.

La femme n'était pas heureuse car l'homme était méchant avec elle et ne lui adressait jamais une bonne parole. Il lui marchandait même la nourriture, et des repas qu'elle cuisinait, il lui laissait si peu que les chiens étaient mieux servis. Et quand elle voulait se chauffer un peu, il ne la laissait pas s'approcher du foyer pour qu'elle ne lui disputât pas la chaleur. Cet homme était vraiment très méchant.

Elle endura longtemps ces mauvais traitements. Mais cela allait de pis en pis. Si bien qu'elle résolut de le quitter et de s'enfuir de la maison.

Un matin, très tôt, alors que l'homme dormait encore profondément, la femme se leva, réunit ses affaires en silence et s'habilla chaudement. Elle prit son meilleur manteau, fait d'une épaisse peau d'ours, son bonnet de renard argenté, enfila ses bottes de phoque et quitta l'igloo.

L'homme se réveilla – et sa femme n'était plus là. Il parcourut le village, interrogeant ses habitants, mais personne ne l'avait vue. Il regagna, ivre de rage, son igloo vide. Le jour s'acheva, la nuit passa, pas de nouvelles de sa femme !

Le lendemain matin, l'homme partit à sa recherche. Le temps était beau et, quand il fut arrivé sur une hauteur, il vit au loin une petite silhouette se détacher sur l'horizon. « C'est elle ! » s'écria-t-il, reconnaissant la fuyarde, et il s'élança à sa poursuite. Il était plus grand, faisait de plus longs pas et la distance qui le séparait de sa femme diminuait. « Je m'en vais te rattraper et te ramener ! » grommelait-il méchamment. Mais, tout à coup, il sentit que la fatigue faisait trembler ses jambes et que le sommeil alourdissait ses paupières. Avant même de se rendre compte de ce qui lui arrivait, il dormait comme une souche.

Quand il reprit ses sens, il bondit et chercha autour de lui où était sa femme. Pendant qu'il dormait, elle avait fait un bon bout de chemin. « Ne t'imagine pas que tu m'échapperas ! » gronda l'homme. Et il reprit sa poursuite.

Et ainsi, ils coururent, coururent, atteignirent la fin de la Terre et ils glissèrent dans l'abîme.

Cependant, le jour diminuait et ce fut la nuit.

La femme aperçut une petite lumière. Elle s'y dirigea et arriva dans un village. Mais quel village étrange !

Partout où elle portait ses regards, elle voyait des gens endormis. Ils dormaient si profondément que rien ne pouvait les éveiller.

Elle traversa le village et poursuivit sa route. Et elle vit encore une petite lumière. De nouveau elle s'y dirigea et, bien vite, se trouva dans un village encore plus étrange. Il y régnait un profond silence et rien n'y bougeait. Regardant autour d'elle, elle vit que, là aussi, les gens gisaient étendus de tous côtés : mais ils ne dormaient pas, ces gens étaient morts ! Parmi eux, elle reconnut ses parents et ses grands-parents qui avaient quitté ce monde depuis bien longtemps. Elle était dans le village des morts !

La femme se mit à courir. Elle ne regardait ni à droite ni à gauche, ne songeant qu'à fuir. Puis elle vit dans le lointain une lumière qui brillait intensément. Et comme elle devenait toujours plus brillante, le jour parut. À ce moment, elle eut envie de retourner chez elle. Mais elle se reprit et continua sa route. Elle courait si fort qu'elle était tout en nage, mais elle ne pouvait s'arrêter car son cruel mari était sur ses talons. De toute façon, il n'était plus possible de s'en retourner. La femme ne courait plus sur la terre, mais dans les cieux. Et la course l'avait si bien échauffée qu'elle se mit à briller, puis à flamber : elle était devenue le soleil.

Et l'homme qui la poursuivait sans relâche était devenu la lune.

Depuis ce jour la lune poursuit le soleil dans les cieux. Mais, tous les six jours, la fatigue la prend, elle vieillit et se laisse distancer. Six jours après, elle est reposée, rajeunit et reprend sa course derrière le soleil.

Et tout recommence ainsi pour toujours.

In *Contes esquimaux,* G. Suchl, Éditions Gründ

LES DEUX PRAIRIES
conte hindou

Les hommes naissent, vivent et meurent, il en est ainsi, dit-on, depuis la nuit des temps. Ami, toi qui chemines sur le clair sentier des livres, écoute mon conte, tu es enfin parvenu au pays d'il était une fois.

Sous un ciel toujours pur, bruissait une rivière dont les ondulations couraient bien au-delà de l'horizon, partageant l'espace en deux régions distinctes, deux étendues immenses simplement reliées par un gué. La première s'appelait la Prairie de la Vie, la seconde la Prairie de la Mort. Créateur et maître de toute chose, Brahma veillait sur elles avec un soin jaloux. Un jour, pourtant, il décida d'en confier la garde à deux divinités dont il appréciait les qualités. À Siva le sage, il donna la région de la Mort, au bon Vichnou celle de la Vie. Il ne leur fit pas de recommandations particulières, si ce n'est de gouverner ces terres selon leur bonne volonté.

Alors, dans le pays qui dépendait de Vichnou, la vie commença à bouillonner. Le soleil se mit à poindre au petit jour, à se coucher au crépuscule. Les mers, les océans s'enflèrent et s'abaissèrent au gré des caprices d'une Lune aux cent visages. Partout ce fut un foisonnement de fleurs, de plantes, d'arbres et de cascades. La terre de Vichnou vit naître mille espèces d'animaux. Un jour des hommes apparurent et se multiplièrent. Pour qu'un tel miracle pût se produire, le bon Dieu avait inventé l'Amour auquel il ordonna d'être aussi le Bonheur.

Par ses efforts répétés Vichnou avait créé un monde fait d'harmonie, de joie et d'allégresse. Voyant cela, Brahma lui conseilla de se reposer et pour ce faire, de confier à ces créatures, qu'il avait appelées hommes, le soin de s'occuper de leur propre destin.

– Laisse-les désormais tisser seuls le fil de leur existence.

Ce fut ainsi que les humains commencèrent à penser et à agir par eux-mêmes. Ils connurent alors le plaisir de réussir et la tristesse d'échouer, la joie d'aimer et le chagrin d'être solitaire. Ils apprirent aussi que le fil dont parlait Brahma était tissé par deux fileuses. Le visage de l'une arborait un sourire perpétuel, les yeux de l'autre étaient à jamais baignés de larmes. Ils se plaignirent à Vichnou de cette terrible dualité.

– Allez et trouvez dans l'amour la force de résister à la tristesse.

Ces paroles du bon Dieu emplirent leur cœur de courage. Et ils s'aimèrent comme il leur avait été dit. Mais l'amour est le ressort obstiné de la vie, et si vaste que fût la terre des hommes, celle-ci se trouva vite trop petite pour eux. Les arbres ne firent plus assez de fruits, les ruches ne donnèrent plus assez de miel, dans les rivières le poisson manqua. Les hommes, alors, commencèrent à défricher la forêt, à semer de grands champs. Ils mirent les bêtes dans des enclos, le grain dans des silos, l'eau dans des citernes. Ainsi naquit le Travail.

Et avec le travail, ils connurent la peine, et avec la peine ils connurent la fatigue. À nouveau, ils se rendirent devant le trône de Vichnou pour témoigner de leur désarroi. Leurs membres affaiblis par l'effort ne trouvaient pas de repos et les accidents se multipliaient. Le travail qui était nécessaire à leur existence était devenu leur existence même. Alors Vichnou, touché par la détresse qu'il lisait dans les yeux des hommes, trouva le moyen de rendre à chacun, chaque jour, l'intégralité de sa force. Il inventa le Sommeil, réparateur de toute peine et de toute misère. Et les hommes acceptèrent ce cadeau avec joie.

Ils trouvèrent dans le sommeil l'apaisement et le réconfort. Chaque soir, rejoignant leur couche douillette, ils plongeaient avec délices dans le pays doré des songes. Le sommeil, comme une mère attentive, pansait leurs plaies, guérissait leurs peines, couvrait la tête du dormeur du voile opaque de l'oubli. Exaltant les vertus du sommeil, les humains le bénirent comme étant bien supérieur à l'état de veille. Ils vinrent à penser qu'une existence tout entière passée dans l'endormissement serait plus agréable que celle qu'ils avaient, consacrée au labeur et à la souffrance. Ils demandèrent à Vichnou qu'il fasse en sorte que le sommeil devînt éternel.

– Je ne puis accéder à votre demande, mais passez le gué de la rivière et sur la prairie opposée vous trouverez ce que vous me réclamez.

Quelques-uns essayèrent et ne revinrent pas. Curieux de ce qu'ils avaient bien pu découvrir, d'autres les suivirent. Et le flux des humains enfla chaque jour davantage. Ils quittaient un pays chamarré, bruissant du souffle des vents, brillant de la couleur des fleurs, fait d'ombre et de lumière, de chaud et de froid, de sec et de turgide. Ils trouvèrent le pays du clair, du blême, du transparent. Chaque chose en cette contrée-là possédait la fraîcheur de la rosée matinale. Elle en avait également la couleur diaphane. Un doux brouillard tenace baignait la région de la Mort qu'aucune brise ne perturbait. S'observant les uns les autres, ceux qui avaient fait le pas remarquèrent que leur corps devenait lumineux, transparent, de plus en plus léger, de plus en plus

radieux et immatériel, comme s'il se fondait dans la clarté générale qui emplissait le pré.

Ayant déambulé quelque peu, ils s'étendaient sur l'herbe et le repos les prenait parmi les fleurs, auprès des arbres ou au pied des rochers. Leur visage irradiait une paix intérieure, un calme ineffable mais aussi un bonheur que même l'amour ne leur avait jamais donné dans le pré de la vie. Cette félicité attira un à un tous ceux qui demeuraient encore sur l'autre rive. Les humains s'étaient persuadés que l'existence était meilleure dans le domaine de Siva.

Vichnou, dont la tâche consistait à sauvegarder la Vie, s'effraya du conseil qu'il avait lui-même donné aux humains dont il avait la charge. Il adressa à Brahma une question qui avait tout d'une supplique. Il était au désespoir de voir la terre désertée. Il lui reprochait d'avoir rendu la Mort trop attrayante et lui demanda ce qu'il devait faire.

– Tous les humains ont-ils fui la prairie de la vie ? N'y en a-t-il donc aucun qui soit resté ?

– Si, un jeune homme et une jeune fille, qui s'aimaient tellement qu'ils ne virent pas tout ce qui se passait autour d'eux. Quand bien même s'en seraient-ils aperçus qu'ils n'auraient pas franchi le gué, tant l'idée de fermer les yeux et de renoncer à leur mutuelle contemplation leur est insupportable.

– Et qu'attends-tu de moi ?

– Que tu dises à Siva qu'il fasse le pays de la Mort moins attrayant.

– Je ne puis accéder à ce que tu demandes. Je ne toucherai pas à la beauté et à la transparence qui baignent le pays des morts. Les gens continueront à passer de l'autre côté, mais ils ne le feront plus dans l'allégresse. Va, ainsi la Vie sera sauvée.

Ayant dit cela, il tissa un écran de ténèbres. La douleur et l'épouvante étendirent leurs bras sur le pays des hommes et tinrent le noir tissu au-dessus du gué. À compter de ce jour, les enfants de Vichnou furent effrayés à l'idée de changer de rive. La terre peu à peu se repeupla.

Le pays des Morts ne changea pas. Le repos qu'on y trouve et la clarté qui le nimbe n'ont rien pour susciter la peur. Pourtant, chaque fois que l'un d'entre nous doit en prendre le chemin, il fait naître la douleur dans le cœur de ceux qui l'aiment et s'aventure d'un pas hésitant et peureux vers le passage tant redouté.

À présent, toi qui écoutes et moi qui conte, irons-nous vers le gué le cœur léger ?

Adaptation de Daniel Royo

1/CONTES D'ORIGINE

B. Contes étiologiques

(du pourquoi et du comment)

Pour leur définition, le lecteur se reportera avec profit aux pages 7, 8 et 15 à 17 de la préface.

KUAFU À LA POURSUITE DU SOLEIL
conte chinois

L'un des géants de l'aube des temps était un homme nommé Kuafu. Kuafu était un être énorme et impressionnant, mais, comme beaucoup de géants, il n'était pas très intelligent. Il aimait regarder le soleil se lever à l'est tous les matins, et le voir tomber derrière l'horizon à l'ouest tous les soirs. Il se disait : « Je hais l'obscurité. Où peut donc disparaître le soleil à l'ouest ? Où se cache-t-il jusqu'au matin suivant ? Si je pouvais fixer le soleil dans mon ciel, je ne serais plus obligé de vivre dans l'obscurité. » Il resta un moment ainsi, à réfléchir, puis : « Je sais, je vais poursuivre le soleil et m'en emparer, ainsi j'aurai sa lumière nuit et jour. »

Kuafu commença sa poursuite du soleil dans les plaines du nord de la Chine. Comme c'était un géant, il avait de très grandes jambes, et il parcourut en un jour deux mille miles. Le soir venu, il se trouvait en vue de l'endroit où le soleil se couchait. Se réjouissant à l'avance de sa réussite, il tendit les mains vers la boule de feu resplendissante. Il ressentit alors tout à coup une soif terrible, comme cela ne lui était jamais arrivé, une soif impossible à ignorer. Elle semblait s'emparer de son corps tout entier et le brûler complètement. Il se dirigea vers la rivière la plus proche et l'assécha d'une seule gorgée. Cela ne lui fit pas plus d'effet qu'une goutte d'eau pour épancher sa soif. Il courut à une autre rivière, puis à une autre, et encore une autre, sans que jamais cela suffît.

De ses grands pas de géant, il refit en sens inverse le chemin qu'il avait fait dans sa poursuite, buvant jusqu'à assécher toutes les sources, tous les torrents et toutes les rivières qu'il rencontrait, asséchant même les eaux du Fleuve Jaune et du Yangtze ; il avait toujours soif. Son seul espoir était d'atteindre la mer, où il trouverait sûrement enfin assez d'eau pour se désaltérer. Mais avant qu'il n'ait atteint le rivage, il tomba d'épuisement, et, tandis que les derniers rayons dorés du soir l'atteignaient, étendu de tout son long sur le sol, il poussa un long soupir. Rassemblant toutes ses forces, il jeta son bâton vers le soleil dans un dernier geste de colère, puis il ferma les yeux et s'endormit.

Le lendemain matin, lorsque les rayons blancs du soleil matinal réapparurent à l'est, et qu'ils effleurèrent le visage du géant endormi, ce n'était plus un géant : il était devenu une grosse chaîne de montagnes. À l'ouest des montagnes, il y avait un bosquet d'arbres, en forme de long bâton ; bien que les arbres n'eussent même pas existé la veille, ils avaient un beau feuillage vert et leurs branches portaient des fruits splendides, rosés et savoureux. Ces arbres provenaient du bâton en bois de pêcher que Kuafu avait jeté au soleil, et ils portaient les fruits les plus succulents jamais connus ; des pêches qui pourraient toujours redonner vie à un homme, étancher sa soif la plus violente, et lui donner la force de continuer.

On dit que le corps du géant est devenu la grande chaîne de montagnes de la province de Shaanxi, appelée aujourd'hui le mont Chiu. À l'extrémité occidentale de la chaîne s'étend une région qui est encore appelée de nos jours le Bosquet de Pêches.

In *Les Plus Belles Légendes chinoises,* Nathan, 1981
Traduit de l'anglais par Mylène Berdouges

POURQUOI LES ANIMAUX ONT-ILS UNE QUEUE

d'après un conte africain du Nigeria

Lorsqu'il eut créé le monde des pierres, de la terre et des plantes, Raluvhimba, le dieu du Bavenda, en fut très fier. Pourtant, comme il trouvait que son œuvre manquait d'animation, il donna naissance aux animaux. La tâche était immense et tout n'alla pas sans mal. Il oublia notamment de les pourvoir d'une queue. Il créa les éléphants trop gros, les girafes trop grandes, les serpents trop longs, et les porcs-épics trop pointus. Il habilla les félins trop chaudement et désola le singe de ne pas lui avoir mis de poils sur les fesses… Les lions se marchaient sur la crinière et se retrouvaient le nez dans la poussière, les girafes sans taches étaient prises pour des arbres morts, les éléphants sans défenses faisaient penser à de gros cochons.

Raluvhimba était pourvu d'une grande imagination. Au bout de quelque temps, il ajouta les points, les taches et les rayures ; puis il mit de la couleur où il n'y en avait pas. Par essais et tentatives successives, il fit les bêtes telles que nous les connaissons, à ce détail près qu'elles n'avaient toujours pas de queue !

En ce temps-là, il n'y avait pas d'hommes sur la terre. Les animaux vivaient en parfaite harmonie. Il n'était pas rare de voir la gazelle faire la sieste dans les bras du lion, ou le renard lécher la tête du lièvre.

Comme il avait peuplé la terre, Raluvhimba peupla les airs et les océans. Sa fièvre créatrice le reprit de plus belle. Oiseaux et poissons furent ses chefs-d'œuvre ; dans l'invention des formes et l'assortiment des couleurs, il était maintenant au sommet de son art. Chaque nouvelle création était accompagnée par les hourras du peuple des animaux qui attendait avec impatience chacune de ses trouvailles. Pour couronner le tout, il donna le chant aux oiseaux, peut-être pour se faire pardonner d'avoir fait les poissons muets.

Il ne se passait pas un jour sans qu'il n'invente un être nouveau. Il faut dire que les animaux, ses amis, ne le laissaient guère tranquille. Ils lui demandaient sans cesse de faire toujours mieux. Ainsi ils le poussèrent à créer un animal plus petit que la souris.

Raluvhimba prit une fine brindille, souffla dessus et fit la première araignée. Quel émerveillement ce fut dans le petit monde des bêtes ! Cette petite boule noire et ses huit longues pattes si fines devint la vedette de la forêt. On ne se lassait pas de la voir descendre de la main de Raluvhimba, suspendue au bout de son fil de salive soyeux. Il fut décidé qu'elle serait le porte-parole de ses congénères puisqu'un fil la reliait toujours au créateur. Elle était aussi fière de ce filament que le coq de sa crête et le lièvre de ses oreilles.

Piqué dans son amour-propre par la baleine qui lui avait dit qu'il ne pourrait faire plus petit que l'araignée, Raluvhimba créa la mouche qui très rapidement se multiplia. C'est de cette première colonie de mouches que naquirent les premiers ennuis.

Au début, pour toute pitance, les mouches se contentèrent de quelques gouttes de sève et de rosée. Mais elles prirent rapidement la mauvaise habitude de se percher sur le dos des autres animaux, pour dérober leur sueur. Elles avaient beau ne pas peser plus qu'un grain de mil, leur présence en irritait plus d'un et on voyait maintenant dans la savane bien des animaux agités par de brusques mouvements incompréhensibles. Mais les mouches se moquaient des désagréments qu'elles provoquaient et n'en faisaient qu'à leur tête.

Un matin, un sanglier qui servait de perchoir à deux d'entre elles rentra dans une rage folle. Il se démena tant et si bien qu'une des deux mouches, se trouvant coincée dans ses poils, faillit se faire écrabouiller contre une pierre. Par réflexe plus que par méchanceté, elle mordit dans la peau du cochon sauvage. Et elle trouva ça très bon. La fautive s'envola et avertit ses congénères de sa découverte. Le sang des animaux était un breuvage exquis et le prélever sur leur dos était un jeu d'enfant.

Sous la morsure des mouches – un pincement douloureux, aigu comme une pointe d'épine – les animaux poussaient de petits cris, se tortillaient, s'ébrouaient, faisaient volte-face, brassaient l'air de leurs pattes impuissantes. Les plus en colère ruaient des quatre sabots, se roulaient par terre ou se frottaient à l'écorce des arbres. Nul ne s'étonnait plus de ces frénésies étonnantes. Chacun savait que les mouches en étaient la cause.

Cela ne pouvait plus durer ainsi. Les animaux en avaient vraiment assez. Ils appelèrent l'araignée et lui annoncèrent qu'ils voulaient rencontrer Raluvhimba. Celle-ci tira puissamment sur son fil et se hissa rapidement jusqu'à la retraite du dieu. Elle lui expliqua dans quel énervement se trouvait la terre des bêtes et le pria de trouver rapidement une solution.

Raluvhimba fut tout surpris d'apprendre que les mouches ne se nourrissaient plus de la rosée matinale. Il précisa qu'il ne pouvait, comme un père pour ses enfants, retirer la vie qu'il avait offerte. Il réfléchit un long moment puis il demanda à l'araignée s'il ne lui serait pas possible de garder les mouches prisonnières de ses fils. L'araignée répondit que sa toile serait vite pleine, vu le nombre immense de ces petites créatures.

Raluvhimba lui proposa alors de les manger.

L'araignée eut un haut-le-cœur dégoûté, rien qu'à l'idée de croquer ces petits êtres malfaisants.

Le créateur réfléchit encore. Il décida que ce qu'il fallait aux animaux c'était un outil semblable à une liane qu'ils agiteraient sur les mouches quand celles-ci les importuneraient. L'araignée lui proposa, plutôt qu'une liane, de se servir d'un plumet. Finalement il décida qu'il allait créer un grand nombre de queues et que les animaux choisiraient eux-mêmes celle qui leur convenait.

Raluvhimba convoqua donc tous les animaux, le premier jour de la nouvelle lune, dans la grotte Luvhimbi sur le mont Tsha-wa-dinda.

Ce fut l'araignée qui fut chargée de répandre la nouvelle. À peine informés, les animaux se ruèrent tous vers la grotte. Seul le lapin prolongea tranquillement sa sieste à l'ombre d'un buisson ardent. Il expliqua à l'araignée que son ami le renard lui avait promis qu'il lui ramènerait une belle queue.

L'araignée s'éloigna en pensant que le lapin était bien paresseux et bien naïf de faire confiance à ce coquin de renard. Elle avait vu juste. Le moment de la distribution étant venu, les bêtes se précipitèrent sur les queues. L'éléphant, qui n'en trouva pas d'assez longue, en prit deux, l'une qu'il mit devant et l'autre derrière. Les singes et les lémuriens en chipèrent des trois fois trop longues pour eux. Les castors, arrivés dans les derniers, durent se contenter d'exemplaires aplatis par les lourdes pattes des rhinocéros. Le renard et l'écureuil se servirent dans les premiers et ne cessèrent de faire admirer leur nouvel ornement à la compagnie. Tant et si bien que maître goupil en oublia sa promesse. Quand la grotte fut vide, la mémoire lui revint. Il eut beau chercher dans chaque recoin de la grotte, il ne trouva rien.

Il repartait vers le terrier du lapin lorsqu'il aperçut un genévrier placé à l'entrée de la grotte dont les feuilles piquantes avaient accroché quelques poils. Il les ramassa, en fit un petit bouquet blanc et gris et s'en alla.

Lorsqu'il parvint chez son ami, celui-ci dormait. Le renard prit la petite touffe de poils et la fixa au derrière du lapin. Devant son air peu satisfait, le renard battit en retraite et ne fit pas de commentaires.

Ce petit événement fut le premier d'une histoire d'amitié mouvementée entre lapins et renards. Il existe quantité de contes sur ces deux compères, mais que les histoires soient longues ou courtes, qu'elles soient d'hier ou aujourd'hui, on finit toujours – comme pour les queues – par en atteindre le bout.

Adaptation de Daniel Royo

2/CONTES MERVEILLEUX

Pour leur définition, le lecteur se reportera avec profit aux pages 10 à 13 de la préface.

LA FÉE DE L'ÉTANG
d'après Grimm

Il était une fois, en un pays d'étangs, un meunier qui vivait sa vie sans peur du lendemain ni crainte des famines. La destinée, hélas, accable ceux qu'elle a comblés avec le même aveuglement implacable. Lui qui, hier, ne regardait jamais à la dépense se retrouva, par un caprice du destin, contraint de compter chaque sou. Et il eut de plus en plus de mal à nourrir sa famille. Le désespoir s'installa dans son cœur et peupla ses nuits. Le petit jour le voyait souvent traîner dans la nature environnante, le visage défait, les yeux gonflés par les larmes et la fatigue.

Un matin, alors qu'il faisait le tour de l'étang en contemplant le reflet du soleil levant, son attention fut attirée par un léger bruit. À quelques mètres du bord, une créature merveilleuse l'observait. Elle avait de longs cheveux blonds dont les pointes se confondaient avec l'écume de l'eau, et ses yeux d'un bleu translucide brillaient d'un éclat surnaturel. Il n'eut aucune peine à reconnaître la fée de l'étang, dont les vieux racontaient les sinistres habitudes. Malheur à celui qui entendait son chant car il était promis à une fin tragique !

Le meunier était partagé entre le désir de rester là à l'admirer et celui de fuir le plus loin possible. Il allait se décider à partir lorsque la douce voix de la créature le cloua sur place. Elle lui demanda ce qui le rendait si triste et si penaud. Sans hésiter il lui conta sa douloureuse histoire, lui expliquant comment le bonheur avait fui sa maison.

– Rassure-toi, pauvre homme, j'ai le moyen de changer le cours des choses et de te rendre la vie que tu avais autrefois ; mais pour cela il faut que tu me promettes de me donner ce qui vient de naître ce matin chez toi.

« Qu'est-ce que cela peut bien être ? pensa le pêcheur. Certainement pas ma femme qui attend pour le mois prochain et que j'ai laissée tout à l'heure dans le plus profond sommeil. Sans doute quelque chatte aura-t-elle mis bas dans la maisonnée. »

Sans plus attendre il accepta le marché. La fée disparut comme elle était venue, un étrange sourire au bord des lèvres.

L'homme revint chez lui et son cœur se glaça d'effroi lorsqu'il entendit en passant le seuil de sa porte les braillements éperdus d'un nouveau-né. Sur le visage qu'il montra à son épouse, nulle trace du bonheur attendu. Elle s'en étonna. Le pêcheur ne cacha rien de l'énorme bêtise qu'il venait de commettre. Sa femme, pourtant fatiguée par les douleurs de l'enfantement, se montra moins accablée que lui. Elle décida que leur enfant ne s'approcherait jamais des étangs. Ils y veilleraient tous deux jalousement. Ces paroles lui mirent du baume au cœur. Il se promit de ne jamais relâcher sa surveillance et c'est ce qu'il fit.

L'enfant grandit, entouré de l'amour et de l'attention des siens dans une maison que la fortune comblait à nouveau de ses bienfaits. Les affaires du meunier s'amélioraient. Les caisses et les mallettes semblaient se remplir d'elles-mêmes. Et dans le village on enviait la famille du moulin.

Au fond de lui, pourtant, le pauvre homme gardait une peur tenace : celle de voir son fils payer de sa vie sa folle promesse. Chaque fois qu'il passait dans les parages de l'étang, il craignait de voir la fée en sortir brusquement. Il ne manquait jamais de répéter encore et encore à son fils qu'il devait se tenir sur ses gardes.

– Ne t'approche jamais de l'eau de ces mares. Une main maléfique te saisirait et t'entraînerait tout au fond.

Le temps passa sur les mémoires et on oublia la malédiction. L'enfant laissa la place à un beau garçon qui devint lui-même un homme grand et robuste. Sa haute taille, sa force peu commune et son habileté dans l'art périlleux de la chasse lui firent une réputation telle qu'elle parvint jusqu'aux oreilles du seigneur des environs. Celui-ci lui confia bientôt la charge très enviée de garde-chasse, et voyant que la fille de son palefrenier goûtait fort la compagnie du nouveau venu, il lui offrit un pavillon planté au beau milieu d'un de ses bois. Ce logement fut son cadeau de mariage. L'amour, comme il l'avait prévu, avait fait son nid dans les cœurs des deux jeunes gens.

Leurs noces célébrées, ils vécurent paisiblement jusqu'au jour où poursuivant un chevreuil, le jeune chasseur s'approcha par mégarde de l'étang interdit. Il tua l'animal d'un seul coup de pique et lui ayant coupé la tête, il s'avança au bord de l'eau pour nettoyer ses gants tout souillés de sang. Alors, avec la soudaineté de l'éclair, deux mains l'entraînèrent au fond de l'eau sans pouvoir offrir la plus petite résistance.

La nuit tombait sur la campagne et son épouse commençait à s'inquiéter car elle connaissait la malédiction qui pesait sur la vie de son époux. Elle passa une nuit affreuse pleine de doutes et d'appréhensions.

Le lendemain les villageois prévenus découvrirent les restes de la bête à quelques mètres de la berge et comprirent ce qui s'était passé.

Alors, la femme du garde-chasse sombra dans un profond chagrin ; elle cessa de sourire et passa le plus clair de son temps à promener son âme malade aux alentours de l'étang maudit. Il n'était pas rare de la trouver endormie, à même le rocher, comme terrassée par le chagrin.

Un soir, elle fit un rêve étrange. Elle marchait par une nuit de tempête sur un étroit chemin et le vent tirait sur ses cheveux comme sur la corde d'un bateau. Elle grimpait malgré la pluie au sommet de la colline, et là, comme par miracle, le ciel soudain dégagé encadrait une vieille chaumière. Elle en poussait la porte. Assise devant une table, une vieille femme aux cheveux gris lui souriait.

Elle se réveilla alors en sursaut, et, le jour naissant, elle décida de suivre le chemin indiqué par le songe. C'est sans difficulté qu'elle retrouva la chaumière et la vieille fée qui y logeait. Elle était bien telle qu'elle l'avait rêvée.

– Tu dois être bien malheureuse pour avoir découvert la route qui mène jusqu'à moi, lui dit celle-ci.

Alors elle lui raconta sa navrante histoire avant de s'effondrer secouée par de pénibles sanglots.

– Console-toi, reprit la fée, je vais pouvoir t'aider. Prends ce peigne d'or et retourne chez toi. Lorsque la pleine lune se lèvera sur l'étang et que son reflet viendra argenter la surface de l'eau, peigne tes longs cheveux aussi longtemps qu'il le faudra, tu verras bien ce qui se passera.

Le retour de la pleine lune parut bien long à la malheureuse. Puis le soir tant espéré arriva enfin. Elle s'assit sur une large pierre de la berge, peigna ses magnifiques cheveux bruns et déposa le peigne d'or près de l'eau. Celle-ci si mit à s'agiter, à tourbillonner violemment et soudain, au milieu d'une gerbe d'écume, surgit le visage de son aimé. Mais l'apparition ne dura qu'un instant. Elle n'eut que le temps d'apercevoir, dans les yeux apeurés de son mari, un appel à l'aide... que déjà il avait disparu.

Profondément troublée, elle mit longtemps à trouver le sommeil. Aussitôt la vieille fée de la colline lui apparut à nouveau. Elle reprit donc au petit matin le chemin de la hutte, la vieille bonne femme l'y attendait, munie d'une flûte d'or.

– Lorsque la pleine lune reviendra, joue près de l'étang une belle mélodie. Dépose l'objet au bord de l'onde et espère.

Comme la fois précédente, le miracle s'accomplit ; mais cette fois-ci, le corps de son mari s'arracha de l'eau jusqu'à la taille et demeura suspendu au-dessus du tourbillon quelques instants. Le chagrin de la femme du garde-chasse fut à la hauteur de l'espoir qu'avait déclenché cette vision. Elle s'en fut sans plus attendre auprès de la vieille pour lui dire sa douleur. Celle-ci lui parla doucement, comme à une enfant malade :

– Il faut laisser du temps aux choses de l'amour pour qu'elles s'accomplissent. Ton chemin n'est pas encore fini. Prends mon rouet d'or et va, à la prochaine pleine lune, filer toute la bobine que tu as ici. Lorsque ton ouvrage sera fini, dépose le rouet sur la large pierre ou tu avais posé ton peigne, alors ton destin s'accomplira.

La prédiction se révéla exacte. Lorsqu'elle eut achevé de filer, elle déposa son instrument sur la pierre plate. Une large vague balaya l'étang et son mari s'arracha à l'onde qui le retenait prisonnier pour venir se jeter dans les bras de sa femme. Ils coururent aussi vite que leurs jambes le leur permettaient. Au même instant l'étang, pareil à un volcan, sortit de son lit. Une lame de fond jaillit, submergeant tout sur son passage.

Déjà l'eau venait lécher les pieds des fugitifs. La femme, dans un cri de désespoir, appela la vieille fée à sa rescousse et dans l'instant ils furent changés lui en crapaud, elle en grenouille. L'inondation, hélas, les sépara.

Lorsque le calme fut revenu sur la région, ils reprirent une forme humaine. Chacun se retrouva dans un pays dont il ignorait jusqu'à la langue, séparé de l'autre par de hautes montagnes. Pour gagner leur vie, ils durent garder les moutons. Des années durant, ils menèrent leur troupeau vers les hauts pâturages où la beauté du paysage les aidait à supporter le lourd fardeau de leur chagrin d'amour.

Or il advint que par une nuit d'été la bergère entendit, à l'autre bout de la vallée, la chanson d'un pipeau qui lui rappela sa jeunesse. Au matin, elle conduisit ses brebis sur l'autre flanc de la montagne. Elle aperçut un berger occupé à attiser un feu en soufflant sur les braises. Au bout de quelques secondes, quelques petites flammes vinrent lécher les branches sèches qui bientôt s'allumèrent comme une torche. Si violent que fut l'embrasement du fagot, il ne fut rien comparé à l'incendie qui ravagea les cœurs des deux époux lorsqu'ils se reconnurent. Tombant dans les bras l'un de l'autre, ils restèrent ainsi, de longues minutes durant, emportés par un élan intérieur qui les mena tout droit aux portes d'un bonheur dont il serait vain de vouloir décrire le visage.

Adaptation de Daniel Royo

TOM POUCE
conte adapté des frères GRIMM

Il était une fois un couple de paysans, modestes et travailleurs, qui n'avaient vu naître aucun enfant, après de longues années d'amour et de mariage. C'était un grand chagrin, pour cet homme et cette femme, que de ne pas avoir avec eux un fils ou une fille qui serait venu briser le silence un peu triste de leur maison.

– Tous nos voisins, disait la femme, ont toujours par les pieds une nuée de « drôles » qui les embarrassent. Pour moi, je me contenterais d'un seul enfant, pas plus gros que le pouce, et je saurais l'aimer de tout mon cœur.

– Puisse le ciel entendre ta prière ! répondait l'homme.

Par on ne sait quel caprice de la providence, la femme, sur ces entrefaites, tomba enceinte ; et huit mois plus tard, elle mit au monde un fils parfaitement constitué, mais à peine grand comme le pouce de la main de son père. Celui-ci, transporté de bonheur par cette naissance, déclara :

– Le voilà tel que tu l'avais souhaité ; en remerciement et en raison de sa petite taille, nous l'appellerons Tom Pouce.

Malgré tout l'amour que lui témoignèrent ses parents et le soin qu'ils mirent à son alimentation, l'enfant ne grandit pas. Il s'éveilla à la vie, fit mille découvertes, grandit en âge mais ne gagna pas un seul centimètre. Pourtant ses yeux intelligents en disaient long sur la finesse de son esprit. Et rapidement sa petite taille ne fut plus un handicap. Il menait une vie presque normale, montrant beaucoup d'adresse et d'ingéniosité dans la réalisation de ce qu'il entreprenait.

Un beau matin, le paysan décida d'aller abattre un très grand arbre dont il tirerait une bonne somme d'argent, et chemin faisant, il dit tout haut qu'il lui serait utile, pour le retour, d'avoir quelqu'un pour mener sa charrette alors qu'il surveillerait le bois.

– Père, s'écria Tom Pouce qui l'accompagnait, je vais la conduire moi-même ; soyez tranquille, je la mènerai à bon port et à temps.

– Cela ne se peut pas, répondit le père en souriant ; comment t'y prendrais-tu pour conduire le cheval par la bride ? Tu es bien trop petit !

– Qui vous parle de lui tenir la bride ? Placez-moi au creux de son oreille, et je saurai lui dire où il doit aller.

– Eh bien, essayons ! murmura le paysan sans trop

y croire.

Il arrima une partie du bois sur la charrette, plaça son fils ainsi qu'il le lui avait dit et regarda son chargement s'en aller. « Hue, dia » criait Tom Pouce dans l'oreille du percheron. La voiture parvint à la ferme où la mère déchargea le bois. L'étrange équipage reprit la route de la forêt et croisa deux compères qui s'étonnèrent de cette charrette dont on entendait le charretier sans l'apercevoir nulle part.

– Il y a quelque chose de louche là-dedans, dit l'un des deux ; il faudrait la suivre et voir où elle va s'arrêter.

Tom Pouce retrouva sans peine l'endroit où son père l'attendait. Celui-ci ne fut pas tellement surpris de voir que son fils avait fait ce qu'il avait dit. Il en était très fier et le prit affectueusement dans la paume de sa main pour l'embrasser. Il le déposa ensuite près d'une petite pierre sur laquelle Tom Pouce s'assit. Voyant cet être minuscule, les deux chemineaux se demandèrent s'ils ne rêvaient pas. L'un d'eux, se reprenant, dit à l'autre :

– Ce coquin-là pourrait bien faire notre fortune si nous savons l'utiliser. Voyons si le bûcheron accepterait de nous le vendre.

Ils s'approchèrent du paysan et lui demandèrent s'il serait d'accord pour leur céder, contre une belle bourse, ce nain qui semblait si dégourdi.

– Parbleu non, s'indigna le brave homme, ce nain est mon fils et je ne l'abandonnerai pas, même pour tout l'or du monde !

Mais Tom Pouce, en entendant la conversation, avait grimpé le long des vêtements de son père jusqu'à son épaule et il lui murmura à l'oreille :

– Père, acceptez la proposition de ces hommes. Faites-moi confiance comme vous l'avez fait pour la charrette ; je serai très bientôt de retour !

Le père se laissa convaincre et accepta la jolie somme que lui tendirent les acheteurs.

– Où désires-tu qu'on te mette ? demandèrent-ils à Tom Pouce.

– Placez-moi sur le rebord de votre chapeau, répondit-il. Ainsi je pourrai me promener en contemplant le paysage.

Ils firent comme il voulait, et quand Tom eut dit au revoir à son père, ils s'en allèrent et marchèrent ainsi jusqu'au soir. Alors le petit homme leur cria qu'il avait une envie pressante à satisfaire. Celui qui le portait lui répondit qu'il devait en faire deux fois moins qu'un petit oiseau et qu'il n'avait qu'à se soulager de là-haut. Mais Tom insista tant et tant, qu'à bout d'arguments, l'homme le déposa au bord d'un champ. C'est ce qu'avait espéré le petit Tom qui avait repéré un trou de souris dans lequel il s'engouffra.

– Bonsoir, messieurs, continuez la route sans moi, leur cria-t-il, dès qu'il fut hors d'atteinte.

Les deux compères voulurent le rattraper en fourrageant dans le trou de souris, mais ce fut peine perdue. Ils attendirent jusqu'à la nuit noire puis, avec au cœur le sentiment qu'ils s'étaient fait berner, ils renoncèrent.

Lorsqu'ils furent au loin, Tom Pouce sortit de son refuge mais, craignant de se risquer de nuit en plein champ, il se cacha dans une coquille vide d'escargot. Lorsqu'il s'éveilla, il faisait encore noir. Il entendit alors deux hommes qui discutaient, tout près de lui :

– Ce curé est vraiment très riche, mais comment nous y prendrons-nous pour lui dérober tout son or ? dit celui qui avait une large balafre au front.

– Je peux vous le dire, s'écria Tom Pouce, en sortant de sa coquille.

– Qui parle ? hurla le deuxième larron, en mettant la main à son poignard.

– C'est moi, répondit le petit bonhomme ; je suis ici, par terre, tout à côté de la coquille d'escargot.

Lorsqu'ils l'aperçurent, les deux brigands n'en crurent pas leurs yeux :

– Et comment peux-tu nous être utile, tu ne pourrais seulement pas pousser une porte ouverte, tant tu es minuscule ! Et la porte du curé est fermée à double tour.

– Peut-être, mais je puis très facilement me glisser entre les barreaux de la fenêtre ouverte et vous faire passer tout ce que vous voudrez.

– Eh bien, soit, répondirent les deux lascars, nous

allons te mettre à l'épreuve !

Quand ils arrivèrent au presbytère, Tom se glissa dans la chambre et se mit à crier de toutes ses forces :

– Vous désirez emporter tout ce qui est ici ?

– Parle plus bas, le supplia l'homme à la balafre, tu vas éveiller toute la maisonnée.

Sans tenir compte du conseil, Tom Pouce se mit à hurler de plus belle, si bien que la servante, qui couchait dans la chambre voisine, se leva et courut à la porte. Les deux voleurs, qui étaient aussi lâches qu'imbéciles, s'enfuirent sans demander leur reste. La bonne se recoucha en pensant qu'elle avait rêvé.

Tom Pouce, satisfait du tour qu'il venait de jouer aux brigands, se glissa dans la grange et décida qu'il avait bien mérité de finir sa nuit dans un confortable petit lit de foin. Il comptait s'y reposer jusqu'au matin, puis regagner la maison de ses parents.

Mais la servante se leva dès l'aurore pour donner à manger au bétail. Et sa première visite fut pour le grenier à fourrage. Elle enleva prestement une belle brassée du foin où Tom dormait à poings fermés. Celui-ci était si fatigué qu'il ne se réveilla que dans la bouche énorme d'une vache.

Il mit un petit moment à comprendre où il était tombé. Ballotté de gauche et de droite, au gré des mouvements de la langue, il faisait beaucoup d'efforts pour ne pas se faire broyer par les grosses dents de la vache.

Enfin, il parvint jusqu'à la gorge de l'animal qui l'avala comme un vulgaire brin d'herbe. Il était maintenant dans la panse et trouva ce nouvel appartement bien étroit. Il n'y avait évidemment pas de fenêtre ; et ce séjour sans chandelles ni soleil déplut fort au petit bonhomme. Tout autre que lui se serait désespéré et laissé mourir à petit feu. Mais le premier instant de panique passé, Tom se mit à crier le plus fort qu'il put :

– Plus de fourrage ! Plus de fourrage ! Je ne veux plus de fourrage ! J'en ai assez !

La fermière, qui se trouvait justement occupée à traire la vache, reconnut la voix qui l'avait tirée de son sommeil la nuit précédente. Elle eut si peur sur le coup qu'elle tomba à bas de son tabouret, en renversant le lait sur le sol de l'étable. Puis elle se précipita à la sacristie où le prêtre était occupé à instruire ses enfants de chœur.

– Mon père ! Mon père ! Il y a la vache qui parle !

– Que me contes-tu là ? Es-tu donc devenue folle ? s'étonna le curé.

– Non pas, mon père ! Venez donc avec moi, si vous ne me croyez pas.

Le curé et sa bonne se dirigèrent vers l'étable. À peine y avait-il mis le pied que Tom se mit à crier de plus belle :

– Plus de fourrage ! Plus de fourrage ! Je ne veux plus de fourrage !

La frayeur de la servante se communiqua au prêtre

qui, pensant que le diable s'était emparé de cette pauvre bête, décida qu'il était urgent de l'abattre. Jamais décision aussi soudaine ne fut aussi vite exécutée. Dans le quart d'heure qui suivit, la bête fut abattue, dépecée et la panse dans laquelle Tom séjournait fut jetée sur le fumier.

Le petit bout d'homme eut grand mal à se sortir de sa fâcheuse posture. Mais tandis qu'il parvenait tout juste à s'extirper de cet amas sanglant, un loup vint à passer qui se rua sur la panse de la vache et l'engloutit. Tom Pouce ne perdit pas courage. Peut-être bien que ce loup se laisserait guider s'il l'en priait correctement.

– Cher ami loup, je peux t'enseigner un bon repas à faire, cria-t-il.

Le loup ne s'étonna pas plus que ça de cette voix venue du fond de ses entrailles.

– Et où cela ? demanda-t-il.

– Dans telle maison que je connais et dont je t'indiquerai le chemin. Tu n'auras qu'à te glisser par l'égout de la cuisine, tu trouveras des gâteaux, du lard, des saucisses comme s'il en pleuvait. Et il lui désigna très exactement la maison de son père.

Le loup ne se fit pas prier. Il s'introduisit dans la cuisine comme Tom le lui avait indiqué et s'en donna à cœur joie avec les provisions. Il mangea tant et tant que lorsqu'il voulut reprendre le chemin du retour, son ventre trop plein se coinça dans le goulet que constituait

l'égout de la cuisine. Tom, qui avait compté sur ce retour impossible, se mit à crier aussi fort qu'il le put, dans le ventre du loup.

Il fit tant de bruit que ses parents qui, depuis son départ, avaient beaucoup de peine à trouver le sommeil, se précipitèrent vers la cuisine d'où provenaient les cris. Ils eurent tôt fait de comprendre qu'un loup était coincé dans l'égout. Le père alla chercher sa grande hache et d'un coup fulgurant sur le crâne, tua l'animal tout net.

– Je l'ai eu ! cria-t-il à l'intention de sa femme, nous allons le dépecer ; sa peau nous fera une belle descente de lit. Jamais personne ne croira que nous avons tué un loup doué de la parole.

Tom Pouce, qui entendait ce que son père disait, lui cria du fond de l'estomac de la bête morte :

– C'est moi, cher père, que vous avez entendu ! Libérez-moi, je suis prisonnier du ventre du loup !

– Dieu merci, s'écria le brave paysan, notre fils nous est revenu. Femme, apporte-moi mon grand rasoir, que je libère notre enfant des entrailles de cette bête infâme.

Il ne fallut pas bien longtemps pour que Tom Pouce se retrouve à l'air libre. Les retrouvailles furent chaleureuses et émouvantes. Chaque parent y alla de sa petite larme.

– Combien nous avons été inquiets de ton sort, mon cher fils ! sanglota la mère.

– Oui, je le conçois, répondit Tom. J'ai beaucoup

couru le monde, savez-vous, en quelques jours seulement. Et je suis bien heureux de retrouver enfin la lumière !

– Mais où donc étais-tu passé ? demanda le père.

– Ah ! je suis passé par un trou de souris, la coquille d'un escargot, la panse d'une vache et le ventre d'un loup. Désormais, je compte bien rester avec vous aussi longtemps que possible. Mes voyages sont terminés.

– Et nous ne te vendrons plus jamais, même pour tout l'or du monde, dirent les deux parents en l'embrassant et en le serrant contre leur cœur.

Adaptation de Daniel Royo

3/CONTES D'ENSEIGNEMENTS

A. Contes d'interdits et d'avertissements

Pour leur définition, le lecteur se reportera avec profit aux pages 18 et 19 de la préface.

MASSOUD LE CORDONNIER AU PAYS D'ASSALAT-AZZEINE

conte arabe

Massoud était un cordonnier bien bizarre. Il vivait dans une cabane au pied d'une colline. C'était à la fois sa maison et son échoppe. Mais, si quelqu'un lui apportait une chaussure à réparer, Massoud plantait un clou dans la semelle, puis il montait sur la colline et regardait longuement le ciel. Alors, il redescendait dans sa cabane, il plantait un clou, il remontait sur la colline où il regardait le ciel, puis il redescendait dans sa cabane... et ainsi toute la journée.

Les gens du village disent que Massoud n'a pas toujours été aussi bizarre. Il y a longtemps, Massoud était comme tout le monde : quand il se réveillait le matin, il montait sur la colline et il faisait sa prière. Et, puisqu'il n'était pas marié, il demandait à Dieu de lui envoyer une gentille femme. Ensuite, il descendait dans sa cabane et il travaillait toute la journée comme tout le monde.

Tout cela, c'était avant ! Mais un jour, alors que Massoud faisait sa prière, un aigle est arrivé. Il l'a attrapé par les épaules et il l'a emporté. Il a traversé un désert puis une mer, puis un autre désert et une autre mer et a déposé Massoud à l'entrée d'une ville inconnue. Cette ville était belle avec des maisons blanches, des fenêtres et des portes bleues et des fleurs partout. Massoud partit se promener.

Dans une rue, il vit deux hommes se croiser ; et ils se disaient : « Assalat-azzeine » – ce qui veut dire à peu près : « C'est merveilleux. » Massoud se dit : « C'est sûrement leur façon de se dire bonjour. » Plus loin, il vit une femme qui entrait dans une boucherie. La femme demanda de la viande et elle dit : « Assalat-azzeine, assalat-azzeine, assalat-azzeine, assalat-azzeine, assalat-azzeine », cinq fois. Elle prit la viande et sortit… Et Massoud commença à être intrigué. Il continua sa promenade et trouva un cordonnier comme lui. Un client entra, prit des chaussures neuves et dit « assalat-azzeine, assalat-azzeine »… vingt fois. Puis il prit les chaussures et s'en alla.

Massoud ne comprenait vraiment rien. Il entra dans la boutique et dit au cordonnier :

– Excusez-moi, mais depuis que je suis arrivé dans cette ville, je ne vois que des choses bizarres.

– Qu'est-ce qu'il y a de bizarre ? répondit le cordonnier.

– Mais je vois des gens acheter sans payer.

– Comment ça, « sans payer » ?

– J'ai vu celui qui a pris les chaussures.

– Ah non ! celui qui a pris les chaussures a payé. Les chaussures coûtaient vingt « assalat-azzeine », et il m'a dit vingt « assalat-azzeine ».

– Et l'argent ? demanda Massoud étonné.

– Ah non ! dans ce pays, nous n'avons pas besoin d'argent. Chacun achète en disant « assalat-azzeine ». Massoud, qui était un peu méfiant, lui demanda :

– Maintenant, si je vais chez un pâtissier et si je dis vingt fois « assalat-azzeine », on me donnera un gâteau ?

– Mais non ! lui répondit l'autre cordonnier, tu n'as rien compris. Tu dis deux fois « assalat-azzeine » et on te donne un gâteau. Tu dis une fois « assalat-azzeine » et on te donne une pomme, une banane ou une orange.

Massoud s'exclama :

– Est-ce que je peux rester dans cette ville ?

– Mais bien sûr ; tout le monde peut rester dans cette ville, à une seule condition : ici, chacun achète ce qui lui faut, jamais plus, jamais moins. Si tu as besoin de deux pommes, tu achètes deux pommes. Pas trois parce qu'il n'en restera pas pour les autres, mais pas une non plus. Si tu as besoin d'un pain, tu achètes un pain, pas deux et pas la moitié. À cette condition tu pourras rester tant que tu voudras.

Massoud lui dit :

– Mais je suis cordonnier comme toi et je ne sais pas si je pourrai trouver du travail dans cette ville.

– Tu tombes vraiment du ciel, lui dit l'autre cordonnier. J'ai tellement de travail, que, si tu restes avec moi, je te donnerai cinquante « assalat-azzeine » par semaine, et c'est largement suffisant pour vivre.

Massoud accepta. Et, avec cinquante « assalat-azzeine » par semaine, il loua une chambre et prit l'habitude d'aller travailler tous les matins. À midi, il allait faire ses courses au marché puis il rentrait chez lui. Le temps passa et Massoud était heureux.

Mais voilà ! Au bout d'un an, Massoud arriva un jour au travail en regardant ses pieds. Il avait l'air gêné comme s'il n'osait pas dire quelque chose. Son patron, qui était devenu son ami, lui dit :

– Qu'est-ce qu'il y a, Massoud ? Tu as envie de rentrer dans ton pays ?

– Non ! Au contraire ! J'ai tellement envie de rester ici que je pense à me marier, mais je ne connais pas les habitudes de cette ville.

– Ici, c'est très simple. Tous les jeudis après-midi, les jeunes filles qui veulent se marier vont sur la plage. Elles se promènent en portant chacune sur la tête une cruche remplie d'eau. Jeudi, tu iras sur la plage. S'il y a une fille qui te plaît, tu lui demanderas à boire. Si elle te donne à boire, c'est qu'elle veut bien se marier avec toi. Si elle refuse, il faut que tu cherches une autre femme.

Massoud fut très content. Le jeudi suivant, il mit ses plus beaux vêtements et se dirigea vers la mer. Des jeunes filles se promenaient, portant chacune une cruche sur la tête. L'une d'elles plut à Massoud et il lui demanda à boire. La jeune fille lui versa de l'eau. Alors, ils se marièrent. Le patron de Massoud commença à lui donner, à partir de ce jour, cent « assalat-azzeine » par semaine. C'est-à-dire deux fois cinquante. Pour lui et pour sa femme.

Avec cent « assalat-azzeine », Massoud loua une maison un peu plus grande, mais il garda ses habitudes : il travaillait jusqu'à midi, puis il passait au marché pour faire les courses et il rentrait chez lui. Mais un jour… Un jour, en passant par le marché, il trouva un poisson énorme. Il se dit : « C'est magnifique ! Avec ce poisson, ma femme pourra me faire des tas de plats différents. J'en mangerai jour après jour pendant trois semaines. » Il demanda au marchand :

– Combien coûte ce poisson ?

– Attention ! lui répondit le marchand. Ce poisson coûte cinquante « assalat-azzeine ».

Massoud se mit à compter : « assalat-azzeine », « assalat-azzeine », « assalat-azzeine »… cinquante fois ! Et ce fut long ! Mais lorsqu'il eut fini, le marchand lui dit :

– Ce poisson est à toi, tu peux le prendre.

Le poisson était tellement lourd que Massoud fut

obligé de le porter sur la tête. Mais il était si heureux en pensant à tous les plats qu'il allait déguster, qu'avant d'arriver à la maison, il appela sa femme. La femme ouvrit la porte et elle poussa un cri :

– Malheureux, lui dit-elle, tu n'avais pas le droit de faire cela. Dans cette ville, chacun achète ce qui lui faut, jamais plus, jamais moins. Regarde ce poisson ! Il est tellement grand qu'il peut nourrir dix familles ; et nous ne sommes que deux ! Ici tu n'as pas le droit d'agir ainsi !

Et à peine sa femme avait-elle fini de parler que l'aigle arriva et l'emporta. Il traversa un désert puis une mer, puis un autre désert et une autre mer et déposa Massoud devant sa cabane.

Et les gens du village disent que, depuis ce jour, Massoud plante un clou dans la semelle, puis il monte sur la colline où il scrute le ciel. Puis il redescend, il plante un clou, puis remonte sur la colline… Mais l'aigle n'est jamais revenu…

Adaptation de Jihad Darwiche

LE PAYS DES ÂMES
conte d'Alaska

Là où vivent les Peaux-Rouges, il y avait une jeune fille qui était la plus belle de toute sa tribu. Nombreux étaient les jeunes guerriers qui lui faisaient des compliments, mais elle n'écoutait qu'un seul – un jeune chef qu'elle aimait depuis longtemps. Leur mariage devait avoir lieu à la prochaine lune. Déjà on préparait la fête, et les fiancés ne songeaient plus qu'aux longues années de bonheur et de joie qu'ils allaient vivre, lorsque, à la veille du festin des noces, la jeune fille fut prise d'un soudain malaise. Elle mourut doucement à l'aube.

Le jeune homme qui souhaitait l'épouser ne put se consoler, car le souvenir de la morte demeurait près de lui, nuit et jour et jour et nuit. Il abandonna son arc et ses flèches, et, assis, près de la tombe de sa bien-aimée, oubliant chasses et combats, rêva à son bonheur perdu, nuit et jour, jour et nuit.

Enfin, après bien des nuits et des jours, il se souvint de ce que disaient les anciens de la tribu, les anciens qui prétendaient qu'il existait un chemin conduisant au pays des âmes, et qu'on pouvait le trouver si on le voulait de toutes ses forces.

Le lendemain, à l'aube, il remplit sa besace de provisions car il ne savait pas combien de jours il aurait à voyager, ni quels déserts il traverserait. Il ne savait qu'une seule chose : s'il existait vraiment un chemin conduisant au pays des âmes, il le trouverait. Au moment de partir, il eut un instant d'hésitation, car il n'avait aucune raison d'aller dans une direction plutôt que dans une autre, mais il se rappela que les anciens avaient parlé du sud. Le pays des âmes se trouvait au sud, croyaient les anciens.

Alors, s'armant de courage et plein d'espoir, il se mit en route, armé de son arc et de ses flèches et suivi de son chien. Il marcha longtemps, longtemps, et le paysage était toujours le même que celui de son enfance. Les forêts, les collines, les rivières étaient semblables à celles de son pays natal. Il y avait seulement un peu moins de neige et, après des jours et des jours de marche, la neige disparut complètement. Il continua à marcher, et l'herbe et des feuilles et des fleurs comme il n'en avait jamais vu s'épanouissaient autour de lui. Dans le ciel sans nuages les oiseaux passaient en chantant.

« C'est la bonne route » pensa-t-il.

L'espoir de revoir bientôt sa bien-aimée emplissait de joie son cœur. Il lui semblait avoir des ailes. Bientôt, il traversa une sombre forêt, puis escalada de hautes falaises. Au sommet de la plus haute falaise, il aperçut une cabane. Devant la porte se tenait un vieillard vêtu de peaux de bêtes et appuyé sur une canne. S'adressant au voyageur, il lui dit :

– Je t'attendais. Je sais ce qui t'amène. Lorsqu'elle est passée sur cette route, celle que tu cherches s'est reposée dans ma cabane. Repose-toi à ton tour, ainsi qu'elle l'a fait, et je te dirai ce que tu veux savoir.

En entendant ces mots, le jeune homme ne put contenir son impatience et demanda au vieillard de lui indiquer immédiatement le chemin qu'il devait suivre.

Le vieillard étendit le bras dans la direction du sud et dit :

– Peux-tu voir cette vaste étendue d'eau là-bas et ces plaines immenses vertes et bleues ? C'est le pays des âmes, mais aucun mortel ne peut y pénétrer sans être obligé de laisser son corps en gage. Si tu veux pénétrer dans le pays des âmes, abandonne donc ton corps, ton arc, tes flèches et ton chien. Je les garderai pendant ton absence.

Le jeune homme obéit aussitôt et se sentit léger comme l'air, frôlant à peine le sol ; et au fur et à mesure qu'il avançait vers les plaines immenses du pays des âmes, le parfum des fleurs et les chants des oiseaux devenaient plus doux, plus merveilleux, tandis que les bêtes sauvages venaient se frotter contre lui au lieu de fuir à son approche. Une brume rose l'entourait. La brise se faisait plus douce. Un grand silence régnait sur toute la terre.

Bientôt, il s'aperçut que les arbres s'éloignaient, et il lui semblait traverser les rochers et les collines sans les toucher car en vérité ce n'étaient pas des arbres ni des rochers ni des collines, mais seulement leur souvenir. Il se sentait heureux et fier. Il comprit qu'il était enfin arrivé au pays des âmes.

Il poursuivit sa route, toujours plus léger, toujours plus rapide, toujours plus heureux et fier, jusqu'à ce qu'il ait atteint les bords du grand lac au milieu duquel il y avait une grande île vert et bleu. Sur le rivage du lac, il trouva un canoë de pierre et une pagaie.

Le jeune chef sauta aussitôt dans le canoë et d'un coup de pagaie s'éloigna en direction de l'île. C'est alors qu'il aperçut, assise sur le rivage, la jeune fille qu'il avait tant désiré revoir. Dès qu'elle le vit, elle sauta dans un canoë semblable au sien. Il voulut la rejoindre mais malheureusement il ne put y parvenir, car entre les deux esquifs d'énormes vagues s'élevèrent tout à coup.

Les deux fiancés furent saisis de terreur à la vue des ossements humains qui gisaient au fond du lac. C'étaient les restes de ceux qui étaient morts avant eux et qui n'avaient pas pu atteindre l'île. Enfin, malgré leur frayeur, il ne leur arriva aucun malheur, car leur vie était sans taches et le Maître de la Vie avait décidé de les

accueillir.

Ainsi ils débarquèrent sur l'île et se promenèrent en se tenant par la main à travers les champs émaillés de fleurs, le long des ruisseaux d'eau claire, ne redoutant ni la soif, ni la faim, ni le froid, ni la chaleur.

Ils vécurent de l'air et du soleil, oubliant les morts car il n'y avait pas de tombe sur l'île. Le jeune chef ne pensait plus à la guerre ni à la chasse. Tous deux seraient volontiers demeurés là, ensemble, heureux pour l'éternité. Cependant, le jeune chef entendit le doux murmure du vent et reconnut la voix du Maître de la Vie qui lui disait :

– Il faut que tu retournes d'où tu viens car j'ai beaucoup de travail pour toi. Ta tribu te réclame, et tu dois la conseiller pendant de nombreuses années encore. Mon messager t'attend. Il te conduira jusqu'à la cabane du vieillard où tu reprendras ton corps et où tu retrouveras ton arc, tes flèches et ton chien. Il te dira ce que tu dois faire pour retrouver le chemin de ton pays. Écoute-le et prends patience. Les années passeront. Sois patient et calme. Quand le temps sera venu, tu viendras rejoindre celle que je te demande de quitter aujourd'hui car elle est sous ma protection. Elle conservera éternellement sa jeunesse et sa beauté.

Le jeune chef obéit. Il était triste parce qu'il lui était ordonné de quitter celle qu'il aimait, pour conseiller sa tribu. Il obéit et reprit la route du monde. Il retrouva le vent, la neige, le froid et les hommes. Il lui fallut aussi conduire ses frères et chasser avec eux et faire la guerre avec eux.

Mais quand le temps fut venu, il reprit le chemin du pays des âmes pour y retrouver celle qu'il n'avait jamais oubliée. Et le Maître de la Vie lui souhaita la bienvenue dans le pays des âmes. Sa bien-aimée l'attendait sur le rivage de l'île vert et bleu.

Adaptation de Philippe et Ré Soupault
In *Histoires merveilleuses des 5 continents,* Éditions Seghers, 1985

3/CONTES D'ENSEIGNEMENTS

B. Contes de sagesse

Pour leur définition, le lecteur se reportera avec profit aux pages 18 et 19 de la préface.

LA CITROUILLE DU BONHEUR
conte vietnamien, adapté par des enfants de Limoges

Il était une fois une famille très pauvre qui habitait un petit village dans une montagne lointaine. Les gens du village appelaient sa maison « la hutte aux trois cœurs d'or » car cette famille était très unie et très bonne.

Malheureusement, un jour, monsieur Chung mourut, laissant sa femme et son fils Chung An qui n'avait que sept ans. Madame Chung Tiên travailla durement pour nourrir son fils et, épuisée, tomba malade. Avec le peu d'argent qu'ils possédaient l'enfant acheta quelques remèdes pour soigner sa mère. Ne sachant pas travailler, il restait assis auprès d'elle, lui versant de l'eau, lui préparant à manger, s'en occupant de son mieux. Mais la nourriture vint à manquer. Aussi, plusieurs fois, madame Chung Tiên envoya son fils emprunter un peu de riz chez les voisins. Une semaine passa et la maman du petit garçon n'était toujours pas remise.

Ce soir-là, Chung An était très triste. Assis contre la porte, il regardait le mouvement des nuages dans le ciel et les gens qui passaient, puis sa mère qui était couchée dans son lit, silencieuse. La voyant ainsi, son cœur se gonfla de chagrin, il n'y avait plus de riz à faire cuire pour elle. Elle ouvrit les yeux et lui fit un malheureux sourire.

« Chung An, cours chez le voisin et demande un bol de riz à faire cuire pour soulager notre faim. »

Chung An s'approcha d'elle, lui prit la main, la serra en pleurant :

« Maman, je ne veux pas y aller, les voisins nous méprisent ; quand je vais chez eux, ils s'empressent de fermer leur porte et s'ils me donnent, ils me le jettent comme à un chien, il vaut mieux que je parte. Peut-être qu'ailleurs les gens seront plus généreux. »

Il salua sa mère et partit.

Il marcha longtemps et arrivant dans un champ, il s'arrêta pour se reposer. Tout à coup, de l'autre côté du champ, il aperçut quelque chose qui essayait de dépasser des hautes herbes. Il s'avança le dos courbé et trouva une petite citrouille toute jaune couchée par terre. Il était tout content.

« Cette citrouille est-elle à quelqu'un ? »

Une voix répondit :

« Non, je ne suis à personne, je veux te suivre chez toi. »

Malgré sa peur, Chung An pensa à sa mère qui avait faim. Il cueillit donc la citrouille et reprit le chemin qui menait à son village.

En arrivant, il dit à sa mère :

« Regarde ce que je t'apporte ! »

Madame Chung Tiên vit la citrouille et se réjouit.

« Cette citrouille nous aidera à vivre quelques jours. »

Une voix l'interrompit :

« Non, il ne faut pas me manger. Écoute-moi, Chung An, creuse-moi, dessine-moi une tête et pose une bougie au milieu. »

Chung An et sa mère se regardèrent, ils avaient peur, mais le petit garçon fit ce que la citrouille avait demandé. Puis, la voix reprit :

« Maintenant, prends les chaussures de ton père, tes gants, mets-les moi et allume la bougie. »

Quand l'enfant eut fini, bop ! bop ! la citrouille traîna ses chaussures hors de la maison et disparut dans la nuit. Tous deux la regardèrent partir ; madame Chung Tiên poussa un long soupir :

« Nous avons tout perdu, même notre dernière bougie. »

Dehors, il faisait nuit, les étoiles brillaient et le silence s'était installé. Tout à coup, Chung An entendit : Bop ! Bop ! Bop ! Il se précipita, ouvrit la porte… C'était la citrouille qui revenait, apportant dans ses mains de la nourriture qu'elle posa à terre, puis elle repartit. La mère et l'enfant étaient très heureux (ils avaient l'impression d'avoir été sauvés au moment où ils se noyaient). Ils mangèrent jusqu'à être rassasiés. La citrouille continuait ses allées et venues, leur apportant nourriture et choses utiles. Mais, plus elle faisait de voyages, plus le bop ! bop ! de ses pas semblait fatigué. Cette fois, Chung An dit à son amie :

« Arrête-toi, repose-toi avec nous, nous avons tout ce qu'il faut à présent, ma mère va déjà mieux.

– Non, il faut que je parte, adieu, la lumière de ma vie est finie. »

Chung An lui coupa la parole :

« Dans la maison, il y a beaucoup de bougies, maintenant, grâce à toi… Je pourrais t'en mettre une autre.

– Ce n'est pas possible, Chung An, ma vie ne dure que le temps d'une bougie. Je suis venue à ton secours car tu es un bon fils. Le ciel m'envoie pour aider les pauvres gens. Au revoir, mon ami. »

La citrouille roula à terre et se coucha silencieusement. Chung An la prit dans ses bras et l'emporta en versant de grosses larmes.

Il donna la citrouille aux oiseaux et garda les graines pour les semer à l'automne, en espérant qu'il trouverait une autre citrouille du Bonheur.

Traduit par Tu-Van et mis en forme par une classe de CM1

COMMENT LES FLEURS VINRENT AUX GENÊTS
conte breton

Dans la lande habitée par le vent vivaient un vieux chasseur et sa fille. Bien des jeunes gens rêvaient d'épouser la belle. Tous se heurtaient au refus du farouche braconnier.

Un matin, Yanig prit le chemin de la cabane. La lande était triste et grise. Le vent murmurait à l'imprudent : « N'y va pas, le grigou te chassera. »

Mais Yanig ne l'écoutait pas. On disait la fille si jolie, son regard si vif, son teint si blanc…

À peine eut-il frappé à la porte de la masure que le chasseur passa la tête. Yanig frémit sous la brûlure de ses yeux charbonneux. Le braconnier le scruta de haut en bas, puis de bas en haut. Le jeune homme eut honte de ses habits élimés aux coudes et aux genoux.

« Je sais pourquoi tu viens, ricana le vieillard. J'ai refusé des princes. Et tu voudrais que je donne ma Bleuwen à un va-nu-pieds ?

– Je n'ai rien, reconnut Yanig. Cependant, je ne manque ni de forces, ni de courage… »

Un pli malin tordit la bouche du braconnier.

« Pour avoir ma fille, donneras-tu tout ce que je demanderai ? »

Comme Yanig approuvait avec enthousiasme, le vieux lui tendit un sac en peau de porc :

« Reviens quand il sera plein d'écus. »

Yanig poussa un grand soupir. Des pièces d'or, il n'en avait jamais vues. Et le sac lui parut bien profond. Néanmoins il s'en saisit.

Alors qu'il s'éloignait, il entendit courir dans son dos. En apercevant Yanig par l'entrebâillement de la porte, Bleuwen avait senti son cœur battre à grands coups. Pour la première fois, elle déplorait la rigueur de son père. Aussi avait-elle sauté par la fenêtre de derrière pour rejoindre le jeune homme.

« Je veux te donner trois choses qui t'aideront à réussir, dit-elle. La première pour t'apporter la prospérité. »

Elle lui tendit une poire.

« La deuxième, pour te rappeler mon souvenir. »

De son corsage, elle sortit un rossignol.

« La troisième, pour te porter chance. »

Et elle posa sur les lèvres de Yanig un baiser si léger qu'il le sentit à peine.

« Chaque jour, dit-elle, je planterai un rameau sur la lande. Aussi longtemps que, de ce côté de la rivière, il restera une brindille à piquer en terre, je te garderai mon cœur. »

Avant que le jeune homme n'ait eu le temps de prononcer un mot, elle avait disparu.

Dorée, éclatante, la poire paraissait vraiment digne de la table d'un roi. Aussi Yanig décida-t-il de la porter au souverain.

Or les rois habitent loin de leurs sujets.

La poussière du chemin, la chaleur de l'été lui séchèrent bientôt la gorge.

« Qui me dit que le roi me récompensera ? pensa-t-il. Les monarques sont blasés des cadeaux. Tandis que cette poire étancherait ma soif… »

Il allait y planter les dents, quand le rossignol se mit à chanter : « Souviens-toi de Bleuwen. Mange la poire, et tu perdras toute chance de la gagner. »

Un peu plus loin, la faim le tourmenta.

« Un roi doit recevoir de plus somptueux présents. Remarquera-t-il seulement le mien ? Alors que cette poire apaiserait mon appétit… »

Aussitôt l'oiseau gazouilla : « Est-ce ainsi que tu comptes remplir ton sac ? »

Yanig marcha encore un peu, avant d'éprouver une grande fatigue.

« La table d'un roi est toujours dressée.

Il grignote sans prendre garde à ce que touchent

ses lèvres. Tandis que moi… »

Mais à peine avait-il esquissé un geste vers la besace, que l'oiselet pépia : « Bleuwen a déjà planté dix bâtonnets autour de la cabane, et tu n'as pas récolté un seul écu ! »

Yanig soupira. Malgré la soif, la faim et la fatigue, il reprit la route. Quand il arriva à la ville, il n'en crut pas ses yeux. Jamais il n'avait imaginé des remparts aussi élevés, des façades aussi ornées, des rues aussi animées. Partout, les échoppes regorgeaient de marchandises. Les badauds s'écartaient au passage de demoiselles richement vêtues. Mais Yanig pensait en regardant les jeunes bourgeoises qu'il y avait sur la lande une fille bien plus jolie, et qu'elle avait déposé sur ses lèvres un baiser.

Ce jour-là, le roi tenait audience. Assis sous un dais de pourpre, il écoutait d'une oreille distraite la foule des quémandeurs. Des femmes quêtaient pour leur fils une place dans la garde du palais. Des hommes réclamaient de la terre ou du bétail. Car en ce temps-là les rois donnaient, avant de songer à prendre.

« Et toi, que veux-tu ? demanda-t-il en bâillant à Yanig quand son tour arriva.

– Dis-moi seulement si ce fruit n'est pas digne d'un roi. »

Il montra la poire. Un murmure admiratif parcourut

l'assemblée. Le roi lui-même haussa la paupière.

« Tu as bien jugé, dit le souverain.

– Alors, puisque tu es le seul roi que je connaisse, permets-moi de te l'offrir. »

Le roi, ému d'apprendre que Yanig avait entrepris un si long voyage juste pour lui apporter le fruit, voulut le récompenser.

« Puisque ce fruit a la couleur de l'or, voici pour le remplacer », dit-il en lui tendant un écu.

Yanig allait s'en saisir, quand le rossignol chanta à son oreille : « Homme sans cervelle, une seule pièce n'emplira pas la besace ! »

Alors, sur le conseil de l'oiseau, Yanig déclara :

« Je ne puis accepter autant pour un si modeste présent. Les poules du pays sont, dit-on, de fières pondeuses. Donne-m'en une paire, je serai payé de ma peine. »

Le roi, de plus en plus surpris, donna satisfaction à Yanig en lui faisant compliment de sa sagesse et de sa modestie.

Yanig enfouit les poules dans son sac et reprit la route. Tout en marchant, il maugréait :

« Pourquoi avoir écouté cet oiselet ? Des poules, il y en a dans mon village. En quoi celles-ci m'aideront-elles à remplir mon sac ?

– Faut-il tout te dire ? siffla le rossignol. Après tout, c'est toi qui as relevé le défi du braconnier. Cherche, et tu trouveras ! »

Ils atteignirent un bourg aux rues encombrées et boueuses. Ses maisons paraissaient bien minables, comparées aux monuments de la cité royale. Néanmoins, la foire y attirait la foule. Yanig s'installa au bout du marché. Là, il ouvrit son sac, dans l'intention de tirer quelques sous de ses poules. Quelle ne fut pas sa surprise de voir la besace remplie d'œufs. Et, bien qu'il en vendît beaucoup, Yanig ne parvenait pas à épuiser le contenu du sac.

Quand il quitta le marché, il emportait deux porcelets et un agneau.

Tout l'été, Yanig engraissa les gorets. Ils devinrent si grands, si gras, qu'on accourait de partout pour les admirer. Quant au mouton, sa laine à peine tondue repoussait jusqu'à terre. À l'automne, Yanig retourna à la foire. Des cochons et de la laine, il tira une somme qu'il jugea coquette. Mais le rossignol ne lui laissa aucun répit avant qu'il eût acheté une vache.

Pendant l'hiver, il fabriqua des fromages, en telle quantité qu'au printemps, il put faire l'emplette d'un bateau. La pêche fut bonne : quelques mois encore, et il se trouva à la tête d'une petite flotte. Ses chiens gardaient un troupeau de cinquante moutons. Cent gorets grognaient dans sa porcherie. Et le sac commença à se remplir.

Le sac était plein : Yanig pouvait à peine le soulever.

Qu'importe ! Il y avait dans son écurie un solide baudet pour le porter. Cependant Yanig hésitait.

« Quelle piètre monture pour ma bien-aimée, se dit-il. Elle attend depuis longtemps déjà. Elle patientera bien encore un peu... »

Et malgré les pépiements du rossignol, il puisa dans le sac de quoi acheter deux magnifiques chevaux, l'un blanc, l'autre noir.

Quand le sac fut de nouveau plein, il observa sa cabane.

« Est-ce là un foyer pour ma bien-aimée ? Son cœur est patient, il m'accordera bien le temps de construire une maison digne d'elle. »

Le rossignol eut beau s'agiter, Yanig plongea à nouveau la main dans les écus. Il avait fini par aimer le son des pièces qui s'agitaient sous ses doigts. Quand, enfin, il eut fait bâtir la plus belle maison du village, il sella ses chevaux et revêtit ses plus riches vêtements, ceux qu'il mettait pour aller chez le roi – car chaque année, au nouvel an, le souverain l'invitait à la Cour. Il avait bien changé, Yanig. Désormais, on ne plaisantait plus à son passage. Il parlait fort, riait haut, et nul ne s'en fâchait.

« Aujourd'hui, je peux aller sans crainte au-devant de ma belle, déclara-t-il au rossignol. Le braconnier a cru l'épreuve au-dessus de mes forces. Il espérait me décourager. Mais me voilà un homme riche, ami du roi ! »

À l'avance, il savourait le dépit de la brute. Cela le

réjouissait autant que l'idée de revoir Bleuwen. Peut-être même davantage.

« Ma mie patientera bien encore un peu, pour me permettre de donner une leçon à son père. Ce n'est pas un sac d'or, que j'offrirai pour prix de sa fille, mais deux ! Ah ! il apprendra qu'on ne me provoque pas en vain ! »

Le rossignol émit un pépiement plaintif. Hélas ! Yanig était désormais trop vaniteux pour l'entendre. Alors l'oiseau s'envola.

« Reviens ! cria Yanig ! Tu m'appartiens ! »

Mais le rossignol devint vite un tout petit point dans le ciel. Son départ contraria Yanig, bien plus que des remontrances.

Pourtant il s'obstina :

« Je ne vais tout de même pas laisser un oiseau me dicter ma conduite, bougonna-t-il. J'aurais mieux fait de l'enfermer dans une cage ! »

Et il rentra ses chevaux à l'écurie.

Yanig choisit le plus gros de ses cochons. Avec sa peau, le cordonnier du village fabriqua un sac semblable au premier ; mais les écus n'eurent pas le temps de s'y entasser.

Tout d'abord, la tempête emporta ses bateaux. La maladie ravagea ses moutons. Ses vaches, à leur tour victimes d'une mauvaise fièvre, crevèrent les unes après les autres, tandis qu'une nuée de renards, surgis on ne sait d'où, massacraient son poulailler. Pour faire face à ces coups du sort, Yanig vendit tous ses cochons, mais cela ne suffit pas.

Quand, la mort dans l'âme, il dénoua le cordon du sac, ses doigts tremblaient. Certes, il avait là de quoi racheter tous ses biens, mais à quoi bon, si la malchance s'acharnait sur lui ? Yanig leva les yeux vers le ciel, désespérément vide. Si seulement le rossignol revenait ! En partant, il avait emporté sa bonne fortune. Yanig loucha vers la cage qu'à tout hasard il avait préparée.

Tant pis ! Il irait de ce pas trouver le braconnier. D'un geste rageur, il referma le sac. Mais une pièce s'en échappa. Depuis un peuplier proche, une pie se précipita, saisit l'écu dans son bec et se réfugia au plus haut de l'arbre, indifférente aux injures que lui lançait Yanig.

Pour trouver l'écu qui manquait, il galopa jusqu'au bourg voisin, dans l'intention d'y vendre un de ses chevaux. Hélas ! le blanc trébucha dans une ornière et se brisa les pattes.

Yanig se remit en selle sur le cheval noir et reprit son chemin avec prudence. Mais quand il annonça aux marchands le prix qu'il entendait tirer de sa monture, ils lui rirent au nez : une rosse de cet âge ne valait pas un écu ! Alors Yanig examina l'animal. Autour du naseau le poil grisonnait. Le temps avait passé si vite !

Le cœur lourd, il revint au village. S'il ne pouvait

vendre son cheval, il lui restait la maison. Or, quand il arriva chez lui, des flammes surgissaient du toit. Au péril de sa vie, il s'en fut récupérer le sac. Suffoquant, le poil roussi et ses habits noircis, il traîna son précieux fardeau jusqu'au pied d'un chêne. Là, il regarda flamber sa demeure.

Bien souvent, il avait songé à faire abattre l'humble masure où il avait grandi. Aujourd'hui, il se réjouissait de l'avoir conservée.

Dans le vieux coffre qui, jadis, avait été son seul mobilier, il retrouva ses pauvres vêtements d'autrefois. Il eut du mal à les enfiler : sa silhouette s'était empâtée. Un morceau de miroir lui renvoya son image : ses cheveux avaient blanchi et un pli sévère encadrait ses lèvres. Il avait tout perdu. Sauf, peut-être, l'amitié du roi.

Mais le souverain fronça les sourcils quand il aperçut Yanig dans son vêtement de pauvre. Le regard suppliant de celui qu'il recevait naguère à sa table le rendait méfiant.

Yanig mit un genou en terre.

« Beau sire, il y a bien des années je t'ai apporté un fruit merveilleux. Pour prix de ma peine, tu m'as offert deux petites poules. Or cette poire, bien que tu y mordes chaque jour, a toujours sa place sur ta table…

– Pour ce fruit, je t'avais proposé un écu, rappela le roi.

– Aujourd'hui, je l'accepterais volontiers », dit Yanig

en tendant la main.

Le roi renifla et lui jeta la pièce, dédaigneux.

« Prends, et ne reparais jamais devant moi. Ta conduite est indigne ! »

Yanig se confondit en remerciements avant de se précipiter vers son cheval. Sur le pommeau un oiseau attendait.

Yanig eut peine à reconnaître dans ce volatile déplumé, qui respirait par saccades, le rossignol de Bleuwen.

« Es-tu assez riche, à présent ? » demanda l'oiseau. On l'entendait à peine.

Yanig hocha la tête.

« Alors, cours sans retard vers la lande. Bientôt, Bleuwen ne trouvera plus rien à y planter. Si cela arrivait, elle ne serait plus liée par son serment ! »

Et il tomba à terre, privé de vie.

Le ciel charriait des nuages menaçants. Le vent soufflait contre le cavalier. Le vieux cheval trébuchait souvent. Yanig mit longtemps à atteindre la lande, plus grise, plus triste que jamais.

Au gué de la rivière, le courant emporta sa monture. Il eut tout juste le temps de s'agripper aux rênes de la mule pour éviter le même sort. Le chemin lui paraissait interminable. Enfin, il arriva en vue de la cabane.

Le braconnier réparait le toit de sa cabane. Quand

il entendit le pas de la mule, il releva sa tête hirsute.

« J'apporte le sac, cria Yanig. Où est ta fille ?

– Tu arrives trop tard, grinça le chasseur. Elle a tant planté de rameaux qu'elle n'en trouvait plus de ce côté-ci de la rivière. Alors, elle est partie vers la mer. À mon avis, elle ne reviendra pas de sitôt. »

En ricanant, il entra dans la cabane. Yanig se précipita à sa suite. Mais, quand il y pénétra à son tour, le braconnier avait disparu.

Yanig contempla la lande autour de lui. À perte de vue se dressaient les rameaux que Bleuwen avait plantés. Chacun d'eux signifiait un jour d'espoir déçu. Fou de chagrin, Yanig éventra le sac, jeta à la volée les écus inutiles. L'or s'accrochait aux rameaux, scintillait dans le jour mourant. Quand la besace fut vide, Yanig monta sur la mule et se dirigea vers la mer. Sur la grève, on distinguait encore la trace d'un bateau qu'on avait traîné jusqu'à l'océan. À son tour Yanig s'embarqua.

Rejoignit-il Bleuwen ? Certains le croient. D'autres affirment qu'elle épousa un puissant seigneur, là-bas, dans les îles, sans jamais savoir que Yanig la cherchait. Une seule chose est sûre : de ce jour la lande fut bien différente. Les rameaux plantés par Bleuwen ont pris racine. Et, tous les ans, au printemps, ils se couvrent de fleurs d'un jaune si éclatant, qu'on les dirait couverts de pièces d'or.

LE PLUS DIGNE
conte yoruba, Afrique

Tu as seize ans, Adetola, l'âge de te marier, dit le roi en souriant.

– Oui, Père.

– Et tu es la plus belle et la plus riche jeune fille du pays, mon enfant unique : après ma mort, ton époux sera roi. Il faut qu'il en soit digne.

– Oui, Père.

– Aussi ai-je décidé de choisir ton mari avec la plus grande attention : je ne veux pas qu'on t'épouse pour ta seule beauté, ta fortune ou ton rang.

– Je voudrais qu'on m'épouse par véritable amour, Père.

– Eh, ma petite ! Qui saurait lire dans le cœur d'un homme ? Même ton vieux père ne peut le faire. Mais personne ne peut te voir sans t'aimer, et, fais-moi confiance, je choisirai l'homme le plus digne et de toi, et du royaume.

– Oui, Père…

Il n'y avait rien d'autre à dire : les pères choisissaient

les époux de leurs filles depuis des siècles. Si au moins la mère pouvait le seconder de ses conseils ! Mais il y avait si longtemps que la reine était morte…

Tandis qu'Adetola était plongée dans ces pensées, le roi appela ses hérauts et fit proclamer dans tout le pays qu'il cherchait un époux digne de la main de sa fille.

Dès le lendemain matin, des dizaines de jeunes gens en habits de fête, les bras chargés de cadeaux, se pressèrent aux portes de l'enclos royal.

À midi, ils étaient des centaines. Lorsque, au soir, les portes furent ouvertes, le roi et Adetola s'assirent sur leur trône et le conseil royal prit place derrière eux ; et les prétendants étaient aussi nombreux dans la cour que les étoiles dans le ciel.

Le chambellan déclara la séance ouverte. Aussitôt, un jeune homme en pagne et sandales brodées d'or s'avança. Il s'inclina devant la princesse, et lui présenta colliers et bagues, perles et rubis, poudre d'or, parfums et tissus étincelants. Et lorsqu'il eut déposé le dernier cadeau, il se redressa fièrement et dit :

– Aussi grand et précieux que cette montagne d'offrandes est l'amour que te porte Bola, l'homme le plus riche du pays !

Adetola eut à peine le temps de le remercier que le prétendant suivant s'avança avec cadeaux et discours.

Bientôt le sol devant et autour d'elle fut recouvert d'étoffes, de bijoux et d'outils précieux, et ses oreilles bourdonnaient de compliments bien tournés. Elle se dit que jamais elle ne pourrait voir clair dans cette foule, et se demandait avec angoisse comment son père y repérerait l'homme le plus digne. Et les jeunes gens continuaient à défiler devant elle, cadeaux et discours, bijoux et louanges…

Il était près de minuit lorsque le dernier s'avança. Un garçon aux pieds nus, en simple pagne blanc, les mains jointes comme en prière, les yeux rivés sur ceux d'Adetola, muet…

– Eh bien, jeune homme ? dit le roi.

Le garçon sursauta, comme un somnambule qu'on réveille. Ses mains tremblèrent et laissèrent échapper trois bracelets d'or qui roulèrent en tintant aux pieds de la princesse. Le jeune homme se baissa, confus, les ramassa, et les tendit gauchement à Adetola.

– Ils s'appellent Joie, Vie et Amour. C'est ma mère qui me les donna en mourant. J'aimerais que tu les gardes, comme je garderai le souvenir de toi, murmura-t-il.

– Merci, je les garderai, dit Adetola.

Le jeune homme sourit. Les yeux toujours rivés à ceux d'Adetola, il recula dans la foule des prétendants qui se referma sur lui.

Le roi se leva.

– Mes fils, je vous remercie d'être venus si nombreux et de si loin pour témoigner votre amour à ma fille. Mais il est tard et, bien que la nuit porte conseil, il n'est pas bon de prendre des décisions dans le noir. Demain, à la clarté du jour, je vous ferai part de mon choix !

Et il rentra au palais, suivi d'Adetola et de ses conseillers, tandis que les prétendants se retiraient dans la cour extérieure de l'enclos…

Une fois dans sa chambre, le roi se tourna vers sa fille.

– Alors, ma petite ? Y en a-t-il un qui t'ait plu davantage ?

– Je ne sais pas, Père… il y avait tant de monde ! Comment savoir lequel m'aime vraiment ?

– Va dormir tranquille, ma fille. Demain, j'aurai fait le bon choix.

Adetola obéit.

Que faire d'autre ?

Les lumières du palais se sont éteintes.

Les feux dans la cour ne sont plus que braise.

Le roi se couche.

« Je donnerai ma fille à Bola, qui n'a pas besoin de mes richesses… et puis il a l'apparence d'un roi… si digne… » se dit-il avant de s'endormir.

Les songes accourent. Ils s'égaillent dans les

chambres, dans les cours, dans la ville.

Le roi rêve de son mariage, il y a si longtemps, du banquet qu'il donnera pour celui de sa fille, de petits enfants sur ses genoux, et du sourire d'Adetola. Les prétendants rêvent de noces, de fortune, de pouvoir… et des grands yeux noirs d'Adetola.

Les serviteurs rêvent de cours à nettoyer, de banquets à préparer, de repos… et de la douceur d'Adetola.

Et Adetola rêve de sa mère. La voilà assise au bord de la natte, comme jadis, quand la petite princesse craignait le noir.

– Ma petite fille qui rêve d'être aimée pour elle-même… Lève-toi, va, cours chez ton père.

Dis-lui de faire proclamer que tu es morte, cette nuit !

Adetola se réveille.

Il n'y a personne à ses côtés sur la natte.

Et l'horizon rosit.

Elle s'enroule dans un pagne et court chez son père. Le vieux roi secoue la tête.

– Eh, eh, ma petite, c'est peut-être un signe. Rentre chez toi, je ferai selon ton rêve.

Le soleil se lève. Les prétendants aussi. La cour extérieure bourdonne comme une ruche.

Et soudain, tous se taisent. Le roi vient de paraître. Il porte le deuil. Il crie :

– Adetola est morte ! Notre joie, notre espoir… La nuit les a ravis !

Les prétendants ont du mal à comprendre.

Quoi ? La princesse, hier encore si joyeuse, si belle, si pleine de vie, n'est plus ?

Mais alors, adieu noces ! Adieu fortune, pouvoir, couronne, adieu les grands yeux d'Adetola !

Le roi est toujours là, hâve, désespéré, le visage défait.

Et le soleil monte dans le ciel.

Ce n'est donc pas un cauchemar ?

Lentement, les prétendants se rangent dans le même ordre que la veille. Ils avancent vers le roi endeuillé, à leur tête Bola, l'homme le plus riche du pays.

– Le sort est cruel. La mort est subite. Hier encore nous apportions nos offrandes à la plus belle princesse, et aujourd'hui la voilà partie au royaume des morts, où les bagues sont inutiles, les colliers sans valeur, les parfums sans pouvoir. Permettez-moi donc de reprendre mes dons, de même que ces messieurs : ces parures de femme coûtèrent une petite fortune à mon père, et vous, Sire, n'en avez sûrement pas l'usage…

« Le mesquin personnage ! Dire que j'allais lui confier ma fille ! Béni soit ton rêve, Adetola ! » pense le roi, et il crie :

– Hé, serviteurs ! Ramenez les cadeaux de la princesse morte ! Et vous, messieurs, reprenez vos dons d'un soir !

Bientôt, le sol de la cour est recouvert d'étoffes, de bijoux, d'outils précieux, de jarres de parfums, de poudre d'or et de perles. Les prétendants se précipitent. Chacun veut être sûr de reprendre son bien. Chacun craint qu'un autre ne le vole.

Cris.

Injures.

Coups.

Seul le va-nu-pieds au pagne blanc se tient à l'écart, le regard absent.

Le roi s'en approche.

– Pourquoi ne reprends-tu pas ton cadeau comme les autres ? demande-t-il.

– Comment le pourrais-je ? N'avais-je pas demandé à Adetola de garder mes pauvres bracelets ? Ne l'a-t-elle pas promis ? Aussi, bien qu'ils soient ma seule richesse, le seul souvenir de ma mère, je souhaite que la princesse les emporte au royaume des morts. Jamais je ne pourrai les offrir à une autre.

– Elle les emportera, mon fils ! crie le roi, en arrachant ses vêtements de deuil. Ma foi, elle les portera ici même ! Tu le verras ! Ils représentent Joie, Vie et Amour, as-tu dit ? Ils seront à toi, non, à vous deux, puisque tu épouseras Adetola, ma fille !

– Le pauvre, il est devenu fou !

– Fou de douleur…

– Et sans héritier pour le trône ! se disent les prétendants qui avaient récupéré leurs cadeaux, tandis que leurs collègues arrêtent les fouilles pour un moment.

– J'ai l'air fou ? C'est vrai : fou de joie d'avoir trouvé l'époux digne de la main de ma fille. Eh oui, mes fils, merci encore une fois d'être venus si nombreux lui témoigner votre amour... ne serait-ce qu'un seul soir. Serviteurs, faites venir Adetola ! Et appelez les musiciens ! Et apprêtez un trône pour mon gendre ! Il y a une heure à peine je croyais que ce serait Bola : lui, pensais-je, n'aimera pas pour des biens qu'il a en abondance lui-même. Eh bien, je me suis trompé. Maintenant, ce n'est pas au plus riche, mais au plus pauvre d'entre vous que je la donne. Au seul généreux. Au seul qui l'aime vraiment. Au seul qui soit digne d'être roi. Je la donne à... à... au fait, mon fils, qui es-tu ?

– Ope, laboureur de l'autre côté du fleuve, murmure le garçon, tout confus... Adetola... Elle est vraiment vivante, Sire ?

– Ope, ce n'est pas un nom pour un roi ! À partir de maintenant, tu seras connu sous le nom royal d'Alaba le Généreux... Ah, te voilà, ma fille ? Je te présente Alaba, ton époux. Te plaît-il ? Ai-je bien choisi ?

Adetola baisse les yeux. Il lui semble que son cœur danse.

– Oui, Père, dit-elle en souriant aux trois petits bracelets qui tintent à son poignet : Joie, Vie, et Amour.

4/CONTES INITIATIQUES

A. Le parcours d'un héros à la recherche de son destin

Pour leur définition, le lecteur se reportera avec profit aux pages 10 à 14 de la préface.

LE CHAT BOTTÉ
d'après Charles Perrault

Un meunier vint à mourir, ne laissant à ses fils qu'un tout petit héritage. L'aîné reçut son moulin, le cadet se contenta de son âne, le plus jeune enfin se demanda ce qu'il pourrait bien faire de ce qui lui revenait, un chat des plus communs dont il ne ferait pas plus d'un repas. Il se lamentait sur son sort, lorsqu'à sa grande surprise, le chat se mit à lui parler.

– Ne vous affligez pas, mon maître, la destinée prend parfois d'étranges chemins. Faites confiance à votre étoile, et tâchez aujourd'hui de me faire tailler une paire de bottes afin que je puisse marcher dans les broussailles. Procurez-moi également un petit sac de toile.

Le jeune homme, sans trop y croire, fit ce qu'il lui demandait. Au fond, que risquait-il à écouter sa bête ?

Lorsque le chat eut ce qu'il avait demandé, il se botta bravement et s'en alla dans la friche voisine. Un long moment après, il reparut, traînant le sac de toile. À l'intérieur se trouvaient trois lapereaux imprudents que cet habile chasseur avait tué sans pitié. Le jeune homme était tout heureux à l'idée de l'excellent dîner qui se présentait, mais le chat ne lui confia pas le produit de sa chasse. Il s'en fut avec des airs de conspirateur vers le château du roi auquel il s'adressa en ces termes :

– Sire, veuillez accepter ces trois pièces de gibier que le marquis de Carabas, mon maître, vous envoie.

– Va dire à cette excellente personne que son présent me comble et que je mangerai avec plaisir ces trois jeunes lapins.

Une autre fois, le chat alla se cacher dans un grand champ de blé, puis revint avec dans son sac trois perdrix magnifiques. Comme il l'avait fait pour les lapins, il alla en faire don au roi qui les reçut avec une grande satisfaction. Et de cette manière, pendant trois mois, le chat fournit presque chaque jour au monarque le produit de sa chasse.

Un jour, il apprit que le roi devait se rendre au bord de la rivière avec toute sa cour, pour s'adonner aux joies de la pêche. Il y aurait notamment la princesse, la fille unique du roi qui, à ce qu'on disait, était la plus belle fille du monde. Le chat dit à son maître :

– Si vous m'en croyez et faites exactement tout ce que je vous dis, votre fortune sera faite.

Le lendemain, quand tout l'équipage du roi passa le long de la rivière, le chat déboucha de derrière un grand arbre, en criant :

– À l'aide ! À l'aide ! Mon maître se noie !

À ce cri, le roi pencha la tête à la portière, et reconnaissant le chat qui lui avait apporté tant de gibier, ordonna à ses gardes qu'ils se portent aussitôt au secours de ce gentilhomme. Pendant qu'on le retirait de l'eau, le chat s'approcha du carrosse royal et expliqua que des gredins avaient dérobé les habits du marquis pendant qu'il se baignait, et qu'il faudrait lui en prêter afin qu'il ne choque pas par sa nudité les dames de la Cour.

Le roi ordonna aux officiers de sa garde-robe d'aller chercher un de ses plus beaux habits pour monsieur le marquis de Carabas. Le fils du meunier était un beau garçon et sa bonne mine, alliée à la richesse de ses vêtements, ne laissa pas la princesse indifférente. Elle envoya l'une de ses suivantes pour qu'elle se renseigne sur l'identité de ce beau jeune homme. Le roi insista pour emmener le marquis dans son palais et chemin faisant, il lui présenta sa fille. Quelques regards suffirent pour faire naître dans le cœur des deux jeunes gens un sentiment d'amour réciproque.

Le chat, ravi de voir que les événements commençaient à prendre un tour qui lui était favorable, prit les devants, et ayant rencontré des paysans occupés à faucher un pré, il leur dit :

« Bonnes gens qui fauchez, si vous ne dites pas au roi que le pré que vous fauchez appartient à monsieur le marquis de Carabas, vous serez tous hachés comme chair à pâté. »

Le roi, arrivant quelques instants après, s'inquiéta de savoir à qui appartenait ce beau pré où de nombreux faucheurs étaient à la tâche.

– C'est au marquis de Carabas, cria d'une seule voix le groupe de paysans.

– Vous avez là une bien belle pièce de terre, dit le roi.

– C'est, en effet, un bout de terrain d'un excellent rapport, répondit le faux gentilhomme qui commençait à être aussi roué que son chat.

Ce dernier, pendant ce temps, allait toujours devant. Il croisa des moissonneurs qu'il apostropha comme il l'avait fait pour les faucheurs :

« Bonnes gens qui moissonnez, si vous ne dites pas au roi que tous ces blés appartiennent à monsieur le marquis de Carabas, vous serez tous hachés comme chair à pâté. »

Le roi, qui passa par là un moment après, se laissa abuser de la même manière que la première fois. Et ainsi dura tout le voyage. Le chat menaçait tous ceux qu'il croisait, si bien que le roi imagina, à les entendre, que les possessions du marquis étaient supérieures aux siennes.

Sur ces entrefaites, le chat parvint jusqu'au palais où vivait le véritable propriétaire des lieux, un ogre terrible et malfaisant, richissime et malhonnête. Mais le chat savait quels pouvoirs magiques possédait le terrible seigneur de la contrée. Il se fit introduire auprès de l'ogre, sous prétexte qu'il ne pouvait passer devant le palais du meilleur magicien de la terre sans venir lui tirer sa révérence.

L'ogre le reçut aussi civilement que le peut un monstre de son espèce, et le pria de s'asseoir.

– On m'a assuré, dit le chat, que vous aviez le don de vous changer en toutes sortes d'animaux, que vous pouviez, par exemple, vous transformer en lion ou en éléphant ?

– Cela est bien vrai, répondit l'ogre brusquement qui à l'instant se changea en lion féroce.

Le chat fut si effrayé de se voir confronté à pareil animal, qu'il se réfugia sous un vieux buffet. Lorsque l'ogre eut retrouvé sa forme première, le chat quitta son refuge et s'avança prudemment vers lui. Il avoua qu'il avait eu bien peur.

– Pour un être aussi grand et fort que vous, il doit être aisé de se transformer en grosse bête. Il doit vous être plus difficile de vous changer en petite créature !

– Que me chantes-tu là, chat de gouttière, je prends l'apparence que je veux ! La taille n'a rien à voir avec tout cela.

– Il ne vous est tout de même pas possible de vous changer en petite souris ? insista le chat.

– Bien sûr que si, répondit l'ogre, et dans l'instant une souricette se retrouva à sa place, sur son large fauteuil.

Aussitôt, le chat se rua sur le frêle animal qu'il croqua sans autre forme de procès. Il était, à présent, le maître des lieux.

Il s'aventura sur le chemin et détourna la caravane royale vers la cour du château de l'ogre. Planté au beau milieu, il s'écria :

– Bienvenue en la demeure du marquis de Carabas !

– Comment ! s'étonna le roi, ce palais vous appartient également ? J'ignorais que j'étais le voisin d'un seigneur aussi éminent que vous.

– Me ferez-vous l'honneur de visiter mes appartements, demanda le jeune homme qui se trouva très vite à l'aise dans sa peau de marquis.

– Avec grand plaisir, répondit le roi.

Galamment, le fils du meunier prit la main de la princesse et tous se rendirent dans la salle à manger où un festin avait été servi. Sans doute l'appétit fabuleux de l'ogre expliquait-il ce repas extraordinaire. À la cinq ou sixième coupe de vin, le roi confia que rien ne le rendrait plus heureux que de voir sa fille unir sa destinée à celle du marquis de Carabas. Les deux jeunes gens acquiescèrent et les noces furent célébrées dès le lendemain.

Quant au chat botté, il fut fait grand seigneur du royaume et ne courut plus après les souris que pour se divertir.

Adaptation de Daniel Royo

LA GARDEUSE D'OIES PRÈS DE LA FONTAINE
d'après Grimm

Il était une fois une vieille femme qui vivait seule avec son troupeau d'oies. Elle possédait une petite maison à la lisière d'une forêt profonde, et chaque matin, appuyée sur sa canne, elle prenait en boitillant le chemin des grands arbres. Elle s'affairait alors, avec une énergie étonnante pour son âge, ramassant de l'herbe pour ses oies, des fruits sauvages pour son goûter et ramenant le tout sur son dos courbé. Chacun se demandait comment elle résistait à une telle charge et parvenait toujours chez elle sans chanceler. Quand elle croisait quelqu'un, elle le saluait avec beaucoup de gentillesse, parlait du temps et ne manquait jamais d'évoquer son lourd fardeau.

– Chacun porte sa charge sur son dos, disait-elle.

Malgré sa politesse, les gens n'aimaient guère se retrouver face à elle. Ils faisaient même souvent un détour pour l'éviter. Si un père la croisait, il disait à son rejeton :

– Défie-toi de cette vieille sorcière, elle est rusée comme un démon !

Or il advint qu'un matin un chevalier passa par là. Il marchait d'un pas joyeux. Il n'avait encore rencontré personne lorsqu'il aperçut la vieille occupée à couper de l'herbe. Près d'elle, deux grands paniers regorgeaient de pommes et de poires.

– Hé ! grand-mère, lui cria-t-il, comment pensez-vous porter tout cela ?

– Il faut que je le porte, voilà tout. Vous devez être bien riche pour vous poser un tel problème. Pour la pauvre paysanne, il n'y a que la sueur et la peine. Mais peut-être voulez-vous m'aider ? Grand et fort comme vous êtes, il ne vous en coûtera pas. Ma maison est toute proche, bâtie dans la bruyère, derrière la colline que vous voyez là.

– Il est vrai que je suis né fils de comte et non de paysan, répondit le jeune homme.

Puis, pris de pitié pour la pauvre femme, il ajouta :

– Je vais porter votre fardeau afin que vous voyiez que même les riches peuvent courber l'échine.

Il se chargea du gros tas d'herbe, et la vieille, avec un petit sourire narquois, ajouta les sacs de poires et de pommes.

– Nous n'en avons que pour une heure de chemin, dit-elle, cela ne pèsera pas.

Le jeune chevalier, que la charge cassait en deux, répliqua qu'il lui semblait porter de grosses pierres.

Il voulait se reposer mais la vieille refusa.

– Voyez-moi ce grand dadais, dit-elle en se moquant, qui n'est pas capable de porter sur son dos ce que je traîne sur le mien depuis des années. Vous êtes bien comme tous ceux de votre âge et de votre condition. Plus fort pour promettre que pour réaliser. Allez, assez discuté, personne ne viendra vous délivrer !

Tant que le chemin ne s'éleva pas, le jeune homme parvint à supporter le fardeau, mais dès qu'il s'agit de grimper la colline, il n'y tint plus. Le front baigné de sueur, à bout de courage, il s'écria :

– La mère, je n'en peux plus, je veux me reposer !

– Non, répondit-elle, vous ne vous reposerez que lorsque nous serons rendus. Marchez, peut-être cela vous sera-t-il bon à quelque chose ?

– Écoute, dit le comte, je trouve que tu dépasses les bornes.

Il tenta alors de se défaire de sa charge, mais celle-ci était si bien attachée qu'il n'y parvint pas.

La vieille se mit à rire en tournant autour de sa canne.

– Laissez là votre colère, et tâchez d'économiser vos forces. Prenez patience, vous serez récompensé. Là-haut, je vous donnerai un bon pourboire.

Que pouvait faire ce pauvre jeune homme ?

À mesure qu'ils allaient, il lui semblait que ses sacs s'alourdissaient alors que la démarche de la vieille devenait de plus en plus aisée. Soudain, avec une vigueur insoupçonnable, elle se jucha sur les sacs de fruits et comme un cornac sur son éléphant, avec une fine baguette elle fouetta les jambes du comte. À bout de fatigue, il arriva en haut de la colline, et alors qu'il pensait s'écrouler, il vit la maison de la vieille. Les oies qui étaient à l'autre bout du pré vinrent à leur rencontre en poussant de grands cris. Venant derrière, une femme âgée à forte stature et au visage hideux les interpella :

– Mère, dit-elle, que vous est-il donc arrivé, nous étions inquiètes de votre absence.

– Il ne m'est rien arrivé de fâcheux. Bien au contraire, ce vaillant jeune homme a pris mon fardeau, et comme je n'en pouvais plus, il m'a transportée sur ses épaules. Grâce à lui, le chemin de retour m'a semblé bien court.

L'épuisement empêcha le jeune homme de réagir devant toutes ces balivernes. Il était consterné mais n'était pas au bout de son étonnement. La vieille sauta de son dos comme l'aurait fait la plus agile des écuyères et reprit :

– Maintenant, reposez-vous bien sur ce banc de pierre ; vous l'avez bien mérité. Je vais chercher dans la maison le montant de votre salaire. Puis, se tournant vers la gardeuse d'oies, elle ajouta :

– Et toi, ne reste pas auprès de ce jeune homme. Je ne voudrais pas qu'il cède à ton charme et tombe amoureux de toi.

Le comte ne sut pas s'il devait rire ou pleurer de ces propos absurdes. Il pensa que même avec trente ans de moins et des atours de princesse, cette femme-là serait plus laide encore que la pire dinde de sa basse-cour.

Devant lui, la vallée était charmante, constellée de mille fleurs, parcourue par un clair ruisseau. Les oies qui s'égaillaient aux alentours étaient d'une blancheur presque irréelle. Il ne resta pas longtemps à contempler ce paysage qu'il trouvait fort beau, car venant réparer sa grande fatigue, un sommeil de plomb lui ferma les yeux.

Au bout de quelques instants, la vieille l'éveilla rudement :

– Tu ne peux rester ici plus longtemps, lui cria-t-elle. Je t'ai un peu tourmenté mais cela n'est rien au regard de la misère de certains, et puis voici ton salaire. Comme tu n'as nul besoin d'argent ou de richesse, je t'offre ce porte-bonheur.

Disant cela, elle lui tendit une petite boîte taillée dans une seule émeraude. Le chevalier, qui avait recouvré toutes ses forces, salua cette étrange fermière. Puis, sans un regard pour l'autre qui gardait ses oies, il prit résolument le chemin de la forêt. La région lui étant étrangère, il mit près de trois jours avant de retrouver sa route.

Il arriva enfin dans les faubourgs d'une grande ville dont il parcourut les ruelles et les places. Il se fit conduire au palais du roi qui gouvernait le pays. N'ayant pas de présents à offrir à ses hôtes, il tira de sa poche la petite boîte en émeraude. La reine prit l'objet et l'ayant ouverte, elle poussa un cri et s'évanouit. Croyant à une méchante manigance, le roi fit saisir le comte par ses gardes pour le jeter au fond d'un cachot. Mais la reine, revenant à elle, demanda qu'on libérât le jeune homme et que chacun sortît afin qu'elle pût s'entretenir seule avec lui. Le roi, qui faisait une confiance aveugle à son épouse, emboîta le pas à ses serviteurs.

Lorsqu'il n'y eut plus un seul témoin dans la pièce, la reine se mit à pleurer. Entre deux sanglots, elle confia au jeune comte un terrible secret :

– Que peuvent me faire honneurs et richesses quand chaque matin me ramène le souvenir de mon affliction. J'ai eu trois filles, savez-vous, et la petite dernière était si belle qu'on l'eût cru sortie d'un livre de légendes. Sa peau était blanche comme la neige et ses joues roses comme la fleur du pommier. Quant à ses cheveux, ils avaient l'éclat des rayons du soleil. Si un quelconque chagrin venait embuer ses yeux, ce ne sont pas des larmes qui venaient rouler sur ses joues mais des perles et des pierres précieuses, toutes pareilles à celles que contenait le coffret que vous m'avez donné. Lorsqu'elle entra dans sa seizième année, le roi fit venir ses trois filles auprès de lui. Ne sachant combien il lui restait à vivre, il leur expliqua qu'il désirait régler le problème de sa succession. Celle d'entre elles qui l'aimait le plus recevrait la meilleure part. Chacune assura que c'était elle qui l'aimait le plus profondément. Pour en juger, le roi leur demanda d'être plus précises et de dire exactement comment chacune l'aimait.

– Je vous aime comme le sucre le plus délicieux, dit l'aînée.

– Comme le plus beau vêtement, renchérit la deuxième.

La plus jeune ne disait rien. À son père qui la pressait de répondre, elle dit qu'elle ne savait pas.

– C'est donc que tu ne m'aimes pas ! tonna le monarque. Je t'ordonne de me dire ce qu'il en est ! Devant l'insistance de son père, elle murmura :

– Sans sel la meilleure des nourritures n'a pas de goût, je vous aime comme le sel qui donne goût à toute chose.

Entendant cela, le roi se mit en colère :

– Puisque tu m'aimes comme le sel, c'est avec lui que je récompenserai ton amour, et je partagerai mon royaume entre mes deux autres filles.

Il fit attacher sur son dos un gros sac de sel et la fit expédier par deux de ses soldats au plus profond d'une forêt immense. Mes cris et mes menaces ne purent rien pour infléchir mon époux. Ses ordres furent exécutés et le long chemin de douleur de ma fille fut parsemé des perles qu'elle avait pleurées. Jamais je n'ai pu effacer dans mon cœur le souvenir de ce jour sinistre. Mon mari n'ayant pas tardé à regretter sa décision, nous la fîmes chercher des jours et des semaines, mais nos efforts furent vains. Jamais on ne la revit. Nous pensions qu'elle avait été dévorée par une bête sauvage, et lorsque j'ai vu la perle dans l'écrin, vous imaginez sans peine l'émotion qui m'a saisie. Vous devez m'indiquer où vous l'avez trouvée.

Le comte expliqua alors son aventure dans la forêt et sa rencontre avec les deux vieilles. Il était navré d'annoncer qu'à aucun moment il n'avait été question d'une jeune princesse. La reine, malgré cela, décida le roi à se déplacer dans la forêt afin d'interroger ces gardeuses d'oies.

Dans le même temps, la vie continuait dans la petite maison des vieilles. Celle qui semblait gouverner était assise devant son rouet et filait la laine. L'autre arriva dans un nuage de plumes blanches ; les oies semblaient surexcitées. Elle entra dans la pièce sombre qu'un maigre feu de branches éclairait imparfaitement. La vieille la salua à peine et ne se détourna pas de sa tâche. La fille prit à son tour son rouet et elles filèrent ainsi pendant deux heures sans échanger une seule parole. Tout à coup il y eut du bruit près de la fenêtre et deux yeux immenses se dessinèrent derrière les carreaux.

C'était une chouette qui fit entendre trois fois son lugubre hululement. La vieille dit alors :

– Il est temps, ma fille, d'aller accomplir ta tâche.

Celle-ci se leva et sortit. Elle traversa la prairie entière pour s'arrêter enfin près d'une fontaine encadrée par trois chênes centenaires. La lune, dans le ciel, dessinait un rond parfait et brillait tant qu'on aurait pu trouver une épingle. La fille enleva la peau qu'elle avait sur le visage, ôta son manteau et se mit à se laver. Quand elle eut terminé, elle trempa sa peau dans l'eau de la fontaine puis la fit sécher sur l'herbe, l'exposant aux rayons de la lune afin sans doute qu'elle la blanchît. Elle défit alors le foulard gris qui retenait sa longue tresse et ses cheveux libérés vinrent rouler sur ses épaules. Un étrange sortilège semblait s'être défait en même temps que son foulard. C'étaient des cheveux d'or qui entouraient un visage de lait où brillaient deux yeux comme des étoiles. Ses joues avaient l'éclat doucement rosé de la fleur du pommier. Mais la belle jeune fille était triste, et se sachant seule, elle se mit à pleurer. Venant perler au coin de l'œil, des larmes comme des rubis roulaient sur son visage. Soudain, un craquement de branches la fit tressaillir. En un instant, le manteau fut jeté sur ses épaules, la vieille peau sur sa face et ses cheveux noués. Elle bondit comme un chevreuil et retourna prestement à la maison de la vieille. Un nuage, à ce moment précis, voila la face de la lune et plongea le paysage dans les ténèbres.

Ce spectacle merveilleux avait eu un témoin. Le jeune comte, après sa visite chez la reine, avait repris aussitôt le chemin de la forêt, et juché sur un des chênes, avait assisté à la scène. Il resta là, complètement abasourdi, se demandant même s'il n'avait pas rêvé.

Pendant ce temps, la jeune fille était parvenue à la chaumière et voulut raconter ce qui s'était passé. L'autre l'interrompit :

– Je sais déjà tout ce que tu vas me dire. Voilà trois ans que j'attends que cette nuit arrive. Puis, saisissant son balai, elle se mit à faire le ménage.

– Il faut que tout soit propre et net, dit-elle à la jeune fille qui s'exclama :

– Mais, ma mère, que veut dire cette furie de ménage nocturne ? Quelle est votre pensée ?

– As-tu vu l'heure ? répondit la vieille.

– Il va bientôt être minuit, répondit la fille.

– Dans quelques minutes cela fera trois ans que tu es ici. Notre temps est terminé, nous ne pouvons rester ensemble. Il est l'heure que ce qui est écrit s'accomplisse.

La jeune se trouva tout effrayée par les dires de la vieille. Comment allait-elle survivre s'il lui fallait quitter la maison ?

– Mais qui parle de ton départ, c'est à moi de débarrasser les lieux, et c'est pour cette raison que je désire laisser le logis impeccable. Allez, au lieu de gémir,

tu ferais mieux de m'aider. Ne t'inquiète pas pour ton avenir, tu auras un toit sur la tête et tu seras contente de la récompense que je te donnerai.

– Mais dites-moi ce qui va m'arriver, sanglota la fille, vous semblez savoir exactement ce qui va se passer.

– Ne me retarde pas plus, répéta la vieille, grimpe dans ta chambre, ôte la peau qui te sert de vêtement depuis trois ans et enfile la robe de soie que tu portais lors de ton arrivée ici.

Pendant ce temps, le comte avait été rejoint par le cortège du roi et de la reine. Tremblant d'émotion, il avait raconté le miracle auquel il avait assisté du haut de son arbre. Il décrivit avec tant de précision la belle jeune fille qu'il avait contemplée que le couple royal n'eut aucun doute ; la jeune gardeuse d'oies près de la fontaine était leur fille. La troupe s'achemina vers la maison de l'autre côté de la prairie. Le roi et la reine, fous de joie, marchaient gaillardement en tête. Ils virent d'abord le troupeau des oies qui sommeillaient la tête repliée sous l'aile, puis ils s'approchèrent de la fenêtre par laquelle ils aperçurent la vieille qui filait. La triste masure était d'une propreté surprenante, en ordre et silencieuse. La gorge nouée par l'émotion, la reine frappa au carreau. La vieille, sans détourner le regard, se leva et cria d'une voix amicale :

– Entrez, je sais qui vous êtes et je vous attendais.

Quand le roi, la reine et le comte furent à l'intérieur, elle leur dit :

– Vous auriez pu vous épargner ce pénible voyage, si vous n'aviez pas, voici trois ans, cédé à une colère imbécile. Votre fille a dû, depuis, supporter un châtiment injuste, alors qu'elle n'est que grâce et beauté. Cachée sous une peau de bête, elle a patiemment accompli sa tâche de gardienne d'oies sans jamais rechigner ni se plaindre. Son cœur est resté pur comme au premier jour. Quant à vous, les tourments dans lesquels vous a précipité l'absence de votre fille ont été votre punition.

Tout en disant cela, elle s'approcha de la chambre et ajouta :

– Sors, ma chère enfant, tu as assez attendu comme ça !

La jeune fille sortit dans sa robe de soie. On aurait dit un ange tant elle était belle et tant elle rayonnait. Elle se précipita vers ses parents pour les embrasser, montrant par là qu'elle ne leur tenait pas rigueur de leur dureté. Le roi son père, la prenant dans ses bras, balbutia quelques paroles d'excuses, puis il ajouta :

– Ma chère enfant, j'ai partagé mon royaume en deux, que pourrais-je te donner ?

– Vous n'aurez rien à lui donner, répondit la vieille, elle possède déjà bien plus que tous vos coffres ne sauraient contenir. J'ai ramassé une à une toutes les perles que ses yeux ont pleurées pour vous depuis trois années. Et pour paiement du travail qu'elle a fourni à la ferme, je lui laisse ma petite maison.

Ayant dit ces derniers mots, elle disparut de la pièce. Un bruit sourd se fit entendre alors et la terre trembla. Surgissant de terre des murs, des colonnes, des escaliers prirent la place des pauvres murs de torchis. Un palais magnifique venait de remplacer la minuscule chaumière. Une table royale était servie au beau milieu de la salle où ils se trouvaient, et une armée de domestiques s'affairait.

L'histoire ne dit pas ce qu'il advint de la belle princesse, mais il y a fort à parier qu'elle épousa le jeune comte grâce à qui le sortilège avait été rompu. On peut penser sans crainte de se tromper que la vieille femme qui s'occupa d'elle était une bonne fée, très certainement celle qui lors de sa naissance lui accorda le don extraordinaire de changer ses larmes en cascades de perles.

Adaptation de Daniel Royo

4/CONTES INITIATIQUES

B. Contes de randonnées

Pour leur définition, le lecteur se reportera avec profit à la page 18 de la préface.

L'OISEAU DE FEU ET LA PRINCESSE VASILISA

conte russe

Au-delà de la neuvième contrée, dans le trentième royaume, vivait un grand et puissant roi. Il était vieux et orgueilleux. Ce roi avait à son service un chasseur fort courageux, et ce chasseur possédait un valeureux et merveilleux cheval. Un jour, le brave chasseur monta sur son vaillant destrier et partit pour chasser dans la forêt. Au crépuscule, comme il s'apprêtait à rentrer, il aperçut soudain au milieu d'un sentier une longue plume dorée, celle de l'oiseau de feu. Elle brillait comme une flamme. Le vaillant cheval lui dit :

– Laissez donc cette plume ; si vous la ramassez, il vous arrivera malheur !

Mais l'homme se dit :

« Si je la ramasse, je la donnerai au roi et il me récompensera ; or, la faveur d'un roi n'est pas à dédaigner. »

Méprisant les conseils de son cheval, il ramassa

la plume d'or et en fit cadeau au roi. Celui-ci le remercia chaleureusement et lui dit :

– Puisque tu as trouvé la plume de l'oiseau de feu, apporte-moi maintenant l'oiseau tout entier, sinon je te trancherai la tête d'un seul coup de mon épée.

Le chasseur versa des larmes amères et alla trouver son cheval.

– Mon maître, pourquoi pleurez-vous ? demanda la noble bête.

– Le roi m'a ordonné de lui rapporter l'oiseau de feu.

– Ne vous avais-je pas prévenu qu'il vous arriverait malheur si vous ramassiez cette plume ? Mais ne craignez rien et ne pleurez plus. Cela n'est qu'un tout petit ennui… De plus grands malheurs nous attendent. Allez trouver le roi et demandez-lui que l'on répande cent mesures de grain sur le grand pré qui est au bord du lac.

Le lendemain, le brave chasseur se rendit au pré où l'on avait répandu cent mesures de grain, y lâcha son cheval et se dissimula derrière un arbre. Tout à coup, un frisson parcourut les arbres de la forêt, et le lac s'agita. L'oiseau de feu apparut. Il se posa dans le pré et se mit à picorer le grain. Le vaillant cheval s'approcha alors de l'oiseau de feu et, posant son sabot sur une de ses ailes, le cloua à terre ; le chasseur bondit de sa cachette, attrapa l'oiseau et, après l'avoir solidement ligoté, enfourcha sa monture et partit comme une flèche. Arrivé au palais, il offrit l'oiseau au roi. Celui-ci le remercia chaleureusement et pour le récompenser il lui conféra un titre de noblesse et le chargea aussitôt d'une nouvelle tâche.

– Puisque tu as réussi à t'emparer de l'oiseau de feu, tu vas maintenant me trouver une épouse. Au-delà du neuvième royaume, sur le bord de la terre où le soleil rouge se lève, vit une princesse nommée Vasilisa. C'est elle que je désire avoir pour épouse. Si tu me la ramènes, je te donnerai de l'argent et de l'or. Mais si tu échoues, je te trancherai la tête d'un seul coup de mon épée.

Le chasseur versa des larmes amères et alla trouver son vaillant cheval.

– Pourquoi pleurez-vous ainsi ? demanda le cheval.

– Le roi m'a ordonné de lui ramener la princesse Vasilisa.

– Ne pleurez plus. Cela n'est encore qu'un léger ennui. D'autres dangers plus graves nous attendent. Allez auprès du roi et demandez-lui de vous donner une tente de toile d'or et toutes espèces de mets et de vins excellents pour votre voyage.

Le roi lui accorda tout ce qu'il demandait, et le chasseur et son merveilleux cheval se mirent en route.

Ils traversèrent trois fois neuf pays.

Au bout d'un certain temps, un temps ni long ni court, ils atteignirent le bord de la terre où le soleil rouge surgit de la mer bleue. Le chasseur vit la princesse

Vasilisa assise dans une barque argentée dont les rames étaient d'or. Laissant son cheval dans un pré d'herbe fraîche, il installa la tente de toile d'or. Cela fait, il étala tous les mets et les bouteilles de vin que le roi lui avait donnés, s'assit et se régala en attendant la princesse Vasilisa.

La princesse, apercevant la tente qui étincelait, dirigea sa barque vers le rivage. Elle ne pouvait cacher son admiration devant tant de splendeur

– Je vous salue, princesse Vasilisa, dit le chasseur. Soyez la bienvenue ! Faites-moi l'honneur de partager mon repas. La princesse Vasilisa entra sous la tente ; ils mangèrent, ils burent et en éprouvèrent un grand plaisir. Mais la princesse but un peu trop de vin exotique et tomba dans un profond sommeil. Alors le jeune homme plia la tente dorée et appela son cheval. Il repartit aussitôt, rapide comme une flèche, emportant en travers de sa selle la princesse Vasilisa endormie.

Le roi, émerveillé à la vue de la princesse, remercia chaleureusement le chasseur et lui fit don d'une quantité d'argent et d'or.

Lorsqu'elle s'éveilla, la princesse Vasilisa se rendit compte qu'elle n'était plus au bord de la mer bleue et se mit à pleurer et à se lamenter. Le roi tenta vainement de la consoler, car il voulait l'épouser. Mais elle lui répondit :

– Que celui qui m'a amené ici aille au bord de la mer

bleue. Au milieu de cette mer il y a un grand rocher et sous ce rocher se trouve une robe de mariée. Sans cette robe, jamais je ne me remarierai !

Le roi fit aussitôt venir le chasseur et lui ordonna :

– Va jusqu'au bord de la terre, là où le soleil rouge se lève. Dans la mer bleue il y a un grand rocher et sous ce rocher est caché la robe de la mariée de la princesse Vasilisa. Rapporte cette robe pour la célébration de mon mariage. Si tu réussis, je te récompenserai plus généreusement encore que par le passé. Mais si tu échoues, je te trancherai la tête d'un seul coup de mon épée.

Le chasseur versa encore une fois des larmes amères et alla trouver son cheval.

– Cette fois, se dit-il, je n'échapperai pas à la mort.

– Mon maître, pourquoi pleurez-vous ? demanda le cheval.

– Le roi m'a ordonné de lui rapporter du fond de la mer bleue la robe multicolore de la princesse Vasilisa.

– Ne vous avais-je pas prévenu qu'il vous arriverait malheur par la plume de cet oiseau ? Toutefois, n'ayez crainte ; cela n'est pas grave, de plus graves dangers nous attendent encore. Partons vers la mer bleue.

Au bout d'un certain temps, un temps ni long ni court, le chasseur arriva au bord de la mer bleue et s'arrêta sur le rivage. Le cheval, apercevant alors un énorme crabe qui courait sur le sable, posa son lourd sabot sur une de ses pinces. Le crabe s'écria :

– Accorde-moi la vie et je ferai tout ce que tu me demanderas.

Le cheval répondit :

– Au milieu de la mer bleue, il y a un rocher et sous ce rocher tu trouveras la robe de la princesse Vasilisa. Va me chercher immédiatement cette robe.

Le crabe fit résonner sa voix sur toute l'étendue de la mer bleue ; la mer s'agita et aussitôt tous les crabes, petits et grands, accoururent à cet appel. Le roi des crabes leur donna des ordres. Tous les crabes, par milliers, se jetèrent à l'eau. Ils revinrent bientôt, apportant la merveilleuse robe de la princesse Vasilisa.

Le chasseur, s'en étant emparé, appela son cheval, repartit aussitôt, se présenta devant le roi et lui remit la robe de la princesse Vasilisa.

Mais celle-ci dit au roi :

– Je ne vous épouserai qu'à une condition : il faut que vous jetiez le chasseur qui m'a apporté ma robe dans un bain d'eau bouillante.

Le roi fit remplir d'eau un grand chaudron de fer ; puis, il ordonna à ses serviteurs de faire bouillir de l'eau et d'y jeter le chasseur. Bientôt l'eau se mit à bouillir, et le chasseur fut traîné devant le chaudron.

– Pourquoi ai-je ramassé cette plume ? se lamentait le pauvre chasseur. Pourquoi n'ai-je pas écouté les conseils de mon cheval ?

Et il fit une prière :

– Sire, dit-il, permettez-moi de dire adieu à mon cheval, à mon seul ami, avant de mourir.

– Bien, dit le roi, va lui faire tes adieux.

L'infortuné chasseur, en allant dire adieu à son cheval, pleurait toute les larmes de son corps.

– Mon maître, demanda le cheval, pourquoi pleurez-vous ainsi ?

– Le roi va me faire jeter dans un bain d'eau bouillante.

– Ne craignez rien, séchez vos larmes, vous vivrez.

Sur ce, le cheval ensorcela le chasseur et le rendit insensible à l'eau bouillante.

Lorsque le chasseur revint de l'écurie, les domestiques du roi se saisirent de lui et le jetèrent dans le chaudron. Il y plongea une ou deux fois la tête et d'un seul bond en sortit.

À cet instant, il fut transformé en un jeune homme d'une beauté telle qu'aucune plume ne saurait le décrire. Devant une aussi étonnante métamorphose, le roi vieux et envieux éprouva le désir d'en faire autant. Il se jeta dans le chaudron et mourut ébouillanté. On l'enterra et le chasseur devint roi à sa place ; il épousa la princesse Vasilisa et vécut auprès d'elle de longues années d'amour et de paix.

In *Histoires merveilleuses des 5 continents,* Philippe et Ré Soupault, Éditions Seghers, 1985

COMMENT L'ARAIGNÉE A PAYÉ SES DETTES

conte tchèque

Un jour, l'araignée avait besoin d'argent, et elle sortit pour aller emprunter. En route, elle rencontra d'abord la souris. Elle lui adressa cette prière :

– Souricette, prête-moi, je te prie, un écu. Je te le rendrai demain à midi.

– Voilà un écu, mais demain je passerai chez toi pour me le faire rembourser.

– D'accord, viens, dit l'araignée qui poursuivit sa quête. Elle rencontra le chat, et lui demanda :

– Chat, je te prie, prête-moi un écu jusqu'à demain, je te le rendrai à midi.

– Voici un écu, mais demain midi, je passerai chez toi pour le récupérer.

– D'accord, viens, dit l'araignée qui poursuivit sa tournée. Elle rencontra le chien et lui demanda :

– Chien, je te prie, prête-moi un écu jusqu'à demain. Je te le rendrai à midi. C'est promis.

– Je te prête cet écu jusqu'à demain midi seulement. Je passerai chez toi pour que tu me le rendes.

– D'accord, viens, dit l'araignée qui ne s'arrêta pas davantage. Chemin faisant, plus loin elle rencontra le léopard. Elle le salua, puis demanda :

– Léopard, je te prie, prête-moi un écu. Mais jusqu'à demain seulement, je te le rendrai à midi.

– Demain matin, n'oublie pas de le tenir prêt : je passerai chez toi pour le reprendre.

– D'accord, viens, dit l'araignée, qui poussa encore plus loin sa fructueuse promenade. Elle rencontra alors le lion, et après l'avoir salué bien bas, elle lui demanda :

– Votre Altesse pourrait-elle me prêter un écu jusqu'à demain midi ?

– Jusqu'à demain midi, c'est convenu ! Je passerai moi-même chez toi pour le reprendre.

– D'accord, d'accord, venez, Altesse, je vous en prie ! dit l'araignée en s'inclinant bien bas. Elle avait ses cinq écus, précisément ce dont elle avait besoin.

Le lendemain, quelques minutes avant que sonnent les douze coups de midi, l'araignée entendit frapper à sa porte. C'était la souris.

– Qui est là ? demanda l'araignée.

– C'est moi, la souris !

– J'arrive ! cria l'araignée qui vint ouvrir la porte. Entre donc, Souris ! Je te le rends tout de suite, ton écu.

Elle fit entrer la souris, et se mit à lui faire la conversation. Elle parlait, parlait, jusqu'à ce que l'on entendit frapper à la porte.

– Qui est là ? demanda l'araignée.

– C'est moi, le chat !

– J'arrive, cria l'araignée. Mais avant d'ouvrir au chat, elle fit passer la souris dans la chambre de derrière :

– Cache-toi ici un instant, Souris. Si le chat te voyait, cela irait mal pour toi !

Tout effrayée, la souris courut se cacher, et l'araignée alla ouvrir :

– Entre donc, Chat ! Je te le rends tout de suite, ton écu !

L'araignée fit entrer le chat, et se mit à lui faire la conversation.

Elle parlait, parlait, jusqu'à ce que l'on entendit frapper à la porte.

– Qui est là ? demanda l'araignée.

– C'est moi, le chien !

– J'arrive, cria l'araignée. Mais avant d'ouvrir la porte au chien, elle fit passer le chat dans la chambre de derrière :

– Cache-toi ici un instant, Chat. Si le chien te voyait, cela irait mal pour toi !

Tout effrayé, le chat courut se cacher, mais dès qu'il fut dans la chambre de derrière et qu'il vit la souris, il oublia sa crainte du chien et sauta sur la malheureuse, qu'il croqua. Entre-temps, l'araignée alla ouvrir :

– Entre donc, Chien ! Je te rends tout de suite, ton écu !

L'araignée fit entrer le chien, et se mit à lui faire la causette. Elle racontait, racontait, jusqu'à ce que l'on entendit frapper à la porte.

– Qui est là ? demanda l'araignée.

– C'est moi, le léopard !

– J'arrive, cria l'araignée. Mais avant d'ouvrir au léopard, elle dit au chien en le faisant passer dans la chambre de derrière :

– Cache-toi ici un instant, Chien. Si le léopard te voyait, cela irait mal pour toi !

Tout effrayé, le chien passa rapidement dans la chambre. Dès qu'il eut passé la porte, il oublia sa frayeur en voyant le chat. Il sauta dessus et lui tordit le cou.

Pendant ce temps-là, l'araignée alla ouvrir au léopard.

– Entre donc, Léopard, je te rends tout de suite, ton écu !

Elle fit entrer le léopard, et se mit à lui parler. Elle parlait, parlait, jusqu'à ce que l'on entendit frapper à la porte.

– Qui est là ? demanda l'araignée.

– C'est moi, le lion ! entendit-on rugir dehors.

– J'arrive ! cria l'araignée. Mais avant d'ouvrir

la porte au lion, elle dit au léopard en le faisant passer dans la deuxième chambre :

– Cache-toi ici un instant, Léopard. Si le lion te voyait, cela irait mal pour toi !

Le Léopard préféra se cacher plutôt que de défendre sa vie contre les griffes du roi des animaux. Il avait peur, mais dès qu'il vit le chien, dans l'autre chambre, il oublia tout et se jeta sur lui : il n'en fit qu'une bouchée. Entre-temps, l'araignée alla ouvrir :

– Entrez donc, Altesse ! Je vous le rends tout de suite, votre écu. Mais veuillez déjeuner, auparavant. Un repas vous attend dans la deuxième chambre.

Le lion ne se fit pas prier deux fois. Il passa dans la chambre qui lui était indiquée, et en y voyant le léopard, il sauta dessus, lui brisa l'échine et s'en régala. C'était un bon déjeuner que lui avait offert l'araignée !

Après son repas, l'araignée conduisit le lion vers la porte donnant sur la cour :

– Ton écu est rangé par là, viens, je te le donne, Lion !

Ce changement de ton irrita le lion qui bondit, mais quand il retomba au sol, celui-ci s'effondra sous son poids. Le lion était pris dans une trappe, et dans sa chute il se rompit le cou ! Naturellement, c'était l'araignée qui avait creusé ce trou. Elle y avait passé toute la matinée. C'est ainsi qu'elle a payé ses dettes !

In *Au pays enchanté des bêtes,* Éditions Gründ, 1972

5/CONTES FACÉTIEUX

Pour leur définition, le lecteur se reportera avec profit aux pages 17 et 18 de la préface.

LES HABITS NEUFS DE L'EMPEREUR
d'après Andersen

Il y a bien des années vivait un empereur qui avait la passion de l'habillement. Il dépensait tout son argent en costumes et en tenues d'apparat. Rien ne lui importait plus que de se pavaner dans ses habits neufs. Il en avait des différents pour chaque heure de la journée. Rien d'étonnant, après cela, qu'au lieu de le trouver toujours dans son bureau avec ses ministres, on le rencontrât plus sûrement dans sa garde-robe avec ses tailleurs.

La capitale de son empire était une ville très animée où se côtoyaient toutes les races, s'entendaient toutes les langues, se croisaient toutes les religions. Dans cette fourmilière humaine, il n'était pas rare de tomber sur toutes sortes de brigands, escrocs et autres filous. Il en vint deux, d'une espèce toute particulière, qui se prétendaient tisserands et qui firent courir le bruit qu'ils savaient confectionner le tissu le plus beau du monde. Au-delà de sa qualité exceptionnelle, ils prétendirent que cette étoffe avait la particularité de n'être vue que par les personnes très intelligentes et d'être invisible pour toute personne indigne de tenir son rang et son emploi.

– Cela me ferait un fameux habit, pensa l'empereur. Il me permettra de faire le tri entre mes fonctionnaires, et je pourrai, au premier regard, distinguer les gens d'esprit.

Il exigea qu'on lui amenât sur l'heure les deux marchands d'étoffe. Aussitôt rendus au palais, il les installa dans des appartements luxueux, non sans leur avoir offert, au préalable, une coquette somme d'argent. Les deux faussaires installèrent deux métiers à tisser et firent semblant de se mettre au travail. Ils semblaient se donner beaucoup de mal pour confectionner convenablement leur étoffe. En réalité, ils ne tissaient que du vent. Cela ne les empêchait pourtant pas de réclamer toujours plus de soie, toujours plus de fils d'or qu'ils entassaient dans leur grand sac de voyage. Ils ne quittaient leur poste de travail que très rarement et seulement pour quelques minutes.

– Je voudrais bien savoir où en sont mes deux tisserands, se dit l'empereur au bout de quelque temps. Songeant à l'étrange particularité de ce tissu, il dépêcha son Premier ministre, afin qu'il lui rendît compte de l'avancement des travaux. Il pensa que ce haut personnage de l'État, qui remplissait on ne peut mieux sa tâche, saurait mieux qu'un autre juger des qualités de l'ouvrage.

Le brave ministre alla trouver les deux coquins qui se démenaient devant leur métier. Une fois dans la pièce, il demeura tout interdit. Il avait beau écarquiller les yeux, il ne voyait rien du tout. En homme d'expérience, il ne laissa rien paraître de son malaise. Aux deux fourbes qui, après force révérences, l'interrogeaient sur la finesse du drap et la délicatesse du dessin, il répondit qu'il n'avait jamais rien vu de tel. Le pauvre homme était abasourdi. Il essaya pourtant de bien écouter tout ce que disaient les deux lascars qui décrivaient, avec beaucoup de précision, les moindres détails de leur ouvrage. Il promit de vanter, auprès de l'empereur, l'excellente facture de ce tissu qui était à la hauteur de sa réputation.

Sur le chemin du retour, d'affreuses pensées submergeaient le notable :

« Suis-je donc un imbécile ? Depuis tout le temps que je suis ministre, est-il concevable de penser que personne ne s'en soit jamais aperçu. Dans tous les cas, je ne dois le dire à personne, car je perdrais immédiatement mon emploi. »

Il répondit du mieux qu'il put aux questions de l'empereur, inventant sans vergogne les détails que sa mémoire ne pouvait lui fournir. L'empereur avait hâte de se parer de ce tissu fabuleux qui lui avait déjà coûté une fortune en fils d'or et en soieries. Il pria un autre grand personnage de l'État, le grand chambellan, d'aller voir si le travail serait bientôt terminé.

Celui-ci se retrouva dans la même situation que le Premier ministre ; il s'efforça de voir, mais après s'être frotté les yeux, il n'aperçut que les bras vides du métier à tisser. Les deux faux artisans recommencèrent leur comédie.

« Je ne suis pas un niais, se dit le personnage. Ne serais-je pas capable de remplir mes fonctions ? C'est à peine croyable ! Je dois dissimuler cette terrible découverte si je ne veux pas me retrouver à la rue. »

Et il se mit à surenchérir sur les deux fripons en s'extasiant devant le cadre dépourvu du moindre bout de fil.

– C'est d'un effet magique, dit-il à l'empereur à son retour.

Toute la ville ne parlait que de la magnificence de l'étoffe. L'empereur n'y tint plus. Il convoqua tout son cortège de ministres, de courtisans et de conseillers et se rendit auprès des deux escrocs. Lorsque le groupe pénétra dans la pièce, les deux individus feignaient de travailler avec la plus extrême attention.

– Tout cela n'est-il pas superbe ? s'empressa de dire le Premier ministre.

– Et regardez comme les couleurs sont vives ! continua le grand chambellan.

Les deux menteurs ne donnaient pas trop de détails, craignant d'être démasqués par les autres qu'ils croyaient capables de voir ce qui leur était invisible. Se tournant vers le monarque, ils ne soupçonnèrent pas dans quel émoi celui-ci se trouvait.

« Quoi ! pensait-il, comment cela est-il possible ?

Je n'y vois rien. C'est une catastrophe ! Cela veut-il dire que je suis un sot ? Non, assurément. Mais alors cela montrerait que je n'aurais pas les qualités qu'il faut pour être empereur ! C'est horrible à penser. Il faut que je montre, au moins par le sang-froid, que je suis digne d'être prince. »

– Votre ouvrage est vraiment superbe, je vous félicite pour l'excellence de votre technique.

En même temps, il se pencha sur le métier, avec l'air de quelqu'un qui observe, jusque dans les moindres détails, une œuvre remarquable. Tout autour de lui, les courtisans, qui n'y voyaient rien non plus, reprenaient les propos de l'empereur. On n'entendait qu'exclamations admiratives, félicitations appuyées et commentaires élogieux. L'un des ministres, plus audacieux que les autres, proposa à l'empereur de se parer de ce tissu magnifique lors de la grande procession qui devait avoir lieu à la fin du mois. Cela laissait largement assez de temps aux tailleurs du palais pour créer un habit de cérémonie dans ce coupon merveilleux. Sa Majesté trouva l'idée excellente et ne partit qu'après avoir décerné aux deux lascars le titre très envié de « Grands tisserands de la cour impériale ! ». Avant cela, il leur accorda la permission de tailler eux-mêmes le costume, car les deux imposteurs prétendaient qu'il n'y avait qu'eux qui pourraient manipuler avec suffisamment d'habileté la si précieuse étoffe.

Pendant les jours qui précédèrent l'événement,

ils redoublèrent d'activité. La nuit avant la cérémonie, ils se firent amener seize candélabres qu'ils placèrent tout autour de la prétendue table de travail. Rien ne manquait à leur singerie. Ils donnaient en l'air force coups de ciseaux, enfilaient des aiguilles d'argent, cousaient avec méthode et précaution. Enfin, le matin, ils firent annoncer à Sa Majesté que son habit était prêt.

L'empereur arriva avec son équipage au grand complet. Pages, écuyers, servantes, domestiques d'une part, chambellans, généraux, ministres et gentes dames d'autre part. Les deux compères s'avancèrent, les bras tendus devant eux, comme s'ils transportaient un précieux fardeau.

– Voici les culottes de Votre Majesté, dit le plus effronté des deux, mon camarade porte votre habit roulé sur son épaule. C'est aussi léger qu'une toile d'araignée et il semblera à Votre Majesté qu'elle ne porte rien sur elle lorsqu'elle se sera habillée. C'est là un autre avantage de cette étoffe qui, bien qu'aussi riche que le plus doré des brocarts, est aussi légère que l'air.

Les courtisans reprirent leur ritournelle habituelle :

– Inouï, admirable, sublime !

Chacun y allait de son éloge sans qu'aucun n'ose trahir le fait qu'il ne voyait rien du tout. Cette unanimité ôta à l'empereur ses dernières réticences. Avec une grande solennité, il annonça qu'il allait retirer ses habits pour revêtir son costume d'apparat.

Sans se démonter, les deux compères se proposèrent pour l'aider. On fit semblant de lui faire passer ses culottes, puis endosser son habit, pour enfin le couvrir du prétendu grand manteau de cour. L'empereur, nu comme un ver, se tournait et se retournait devant la glace.

– Quel magnifique habit ! s'exclamait-il devant le miroir.

– Quel magnifique habit ! reprenait le chœur de tous les courtisans. Les plus zélés allaient jusqu'à placer leurs mains devant leurs yeux, pour, affirmaient-ils, se protéger de l'éclat du vêtement.

Le maître des cérémonies survint et annonça que le dais sous lequel l'empereur devait marcher était devant la porte du palais.

– Je suis prêt, claironna le monarque, j'ai hâte de montrer à mon peuple le merveilleux costume que voilà. Et il fit mine, une dernière fois, de s'observer sous toutes les coutures.

On se mit en marche. Les chambellans, qui devaient porter la traîne du grand manteau, s'inclinèrent et portèrent leurs mains vers le sol comme s'ils y ramassaient un précieux objet. Puis ils suivirent Sa Majesté, les bras tendus à l'horizontale, comme s'ils soutenaient quelque chose en l'air.

Lorsque la procession débuta, le peuple dans la rue n'en crut pas ses yeux. Cependant la nouvelle de l'étrange sortilège attaché à la vision de cet habit avait circulé en ville. Chacun, redoutant de perdre son emploi ou de passer pour un nigaud, faisait semblant de s'extasier. Les mêmes exclamations qui avaient accompagné l'habillage du roi fusaient sur le parcours de la cérémonie.

« Dieu, quels habits incomparables ! C'est plus beau que tous les velours et tous les satins connus. Et cette traîne ! Que d'invention dans le dessin et quel éclat dans les couleurs ! »

– Mais il est tout nu, s'écria soudain un tout petit enfant, juché sur les larges épaules de son père.

– Dieu parle par la voix de ton fils, murmura son voisin immédiat.

Aussitôt ce ne fut qu'une traînée de poudre. La nouvelle se colporta de bouche en bouche à la vitesse de l'éclair. Des soupirs de réprobation furent lancés. Puis ce furent des exclamations, enfin il n'y eut qu'un cri :

« Sa Majesté est nue ! »

L'empereur entendit et il lui sembla soudain que c'était vrai. Mais il pensa que la raison d'État lui commandait de ne rien faire qui puisse laisser croire qu'il se savait tout nu. Il poursuivit donc, sans sourciller, le long chemin de la procession qui prit pour lui, ce jour-là, des airs de chemin de croix. Quant aux chambellans, ils tinrent avec une dignité consternée la traîne d'un vêtement qu'ils ne pouvaient voir, les yeux rivés sur deux tristes fesses impériales.

Adaptation de Daniel Royo

LES TROIS FILEUSES
d'après Grimm

Il était une fille paresseuse, il était une mère coléreuse, il était une reine bien naïve, il était un conte immoral. Il y avait dans une contrée reculée d'un royaume d'avant…

La patience a des limites, surtout celle d'une mère qui voit que sa fille ne veut rien faire.

Il y avait donc dans une contrée reculée d'un royaume d'avant…

… au fin fond d'un village oublié…

… une jeune fille qui refusait de filer la laine. Rien n'y faisait, sa mère avait beau se mettre en colère, elle refusait de s'approcher du rouet. Un jour, son impertinence fut telle que sa mère, perdant toute mesure, la frappa. Elle se mit à hurler si fort que la reine qui passait justement par là vint s'enquérir de ce qui se passait. La mère, au comble de la honte, mentit effrontément :

– Je ne puis lui enlever le fuseau des mains tant elle

aime filer. Mes maigres économies ne peuvent suffire à lui fournir le lin qu'elle réclame en pleurant.

– Rien ne m'est plus doux que le bruit du rouet et de la quenouille, répondit la reine charmée. Faites venir votre fille au château, je lui fournirai plus d'ouvrage qu'elle ne saurait en espérer.

La mère fut ravie d'une telle proposition. Elle contraignit sa fille à se rendre au palais. À peine arrivée, celle-ci fut conduite dans un appartement dont les trois grandes chambres étaient remplies de lin jusqu'au plafond. La reine, ayant tenu à accueillir la jeune fille personnellement, lui dit :

– File donc tout ce lin et lorsque ton ouvrage sera terminé, tu épouseras mon fils aîné. Ne te préoccupe pas de ta pauvreté, ton ardeur au travail sera ta richesse et ta dot.

La fille ne dit rien sur le coup, mais elle pensa que même en filant nuit et jour, il faudrait bien trois cents ans pour parvenir au terme de sa tâche. Devant cette montagne d'étoupe, elle se mit à pleurer. Durant trois jours, elle ne bougea pas le petit doigt. La reine, venue aux nouvelles, s'étonna de la trouver au même point qu'elle l'avait laissée.

– Je ne puis me consoler d'avoir quitté ma mère, déclara piteusement la rouée demoiselle.

La reine voulut bien accepter cette raison, mais l'invita à se mettre promptement au travail.

Quand elle se retrouva seule à nouveau, la fille vint se mettre à la fenêtre. Elle vit avancer vers elle trois bonnes vieilles au physique étonnant. La première avait un grand pied plat tout pareil à un pain de vingt livres; la deuxième une lèvre inférieure si épaisse qu'elle lui couvrait le menton et retombait sur sa poitrine; la dernière enfin avait à la main un pouce large et aplati. Elles se plantèrent devant la fenêtre et demandèrent à la fille ce qu'elle avait à gémir. Celle-ci leur raconta son infortune en des termes si touchants que les vieilles la prirent en pitié et lui dirent :

– Si tu nous promets de nous inviter à ta noce, de nous présenter à la Cour comme tes cousines, de nous faire asseoir à ta table sans avoir honte de nous, ton lin sera filé plus vite que tu ne saurais le croire.

Cette proposition des trois passantes réjouit le cœur de la jeune fille, qui accepta et promit.

– Entrez donc et installez-vous dans cette pièce-ci.

Aussitôt installées, elles se mirent à l'ouvrage. La première filait l'étoupe et actionnait le rouet grâce à son pied gigantesque; la seconde mouillait le lin avec sa lèvre monstrueuse; la troisième faisait rouler l'écheveau avec son doigt énorme, et à chaque mouvement de son pouce, un écheveau complet tombait à ses pieds. Le travail dura plusieurs jours. Quand la fille entendait venir la reine, elle dissimulait les trois fileuses sous l'étoupe restante. Chacun, dans le palais, était émerveillé de l'avancement des travaux. Et les trois pièces furent vidées en un rien de temps. En partant, les trois femmes rappelèrent à la jeune fille ravie ce qu'elle leur avait promis.

La reine fixa aussitôt la date des noces de son fils avec la jeune fille. Celui-ci était ravi d'épouser une femme aussi habile, et il s'ingénia à combler le moindre de ses désirs.

– J'ai trois vieilles cousines que j'aimerais beaucoup avoir à ma table le jour de notre mariage, dit-elle un beau matin.

Ni le prince ni sa mère ne virent de raisons de lui refuser ce qu'elle demandait. Le matin de la cérémonie, elles firent leur entrée en grand équipage dans la cour du château. Le prince fut consterné par leur apparence physique :

– Tu as là des cousines fort laides, dit-il à sa promise. Puis, s'adressant à la première :

– Mais d'où tenez vous ce pied singulier ?

– D'avoir tant et tant de fois fait tourner le rouet, répondit-elle.

– D'avoir tant et tant de fois mouillé le lin, poursuivit la deuxième, à qui le prince demandait pourquoi une lèvre si épaisse.

Et la troisième, dont il s'étonnait qu'elle eût un si large doigt, lui chanta comme les deux premières :

– C'est d'avoir tant et tant de fois tordu le fil.

Le prince, effrayé par ce qu'il venait d'entendre, et soucieux de conserver son épouse aussi belle qu'au premier jour, décida qu'elle ne toucherait plus jamais à la quenouille et au rouet. Nul n'est besoin de décrire la joie que la nouvelle princesse ressentit à l'idée d'être enfin délivrée de cette occupation qu'elle trouvait odieuse.

Voilà l'histoire de la jeune fille qui ne voulait pas filer. Est-ce à dire que pour épouser un prince il suffit aux jeunes filles de refuser de travailler et de crier à en ameuter tout le quartier ? Le conte ne le dit pas…

Adaptation de Daniel Royo

LA ROSE BLEUE
conte chinois

Sentant sa fin prochaine, un empereur de Chine souhaitait marier sa fille avant de mourir. Celle-ci n'était pas seulement la plus élégante et la plus cultivée de toutes les jeunes filles de l'Empire, mais elle était aussi de loin la plus belle. Ses yeux, couleur de nuit, possédaient un éclat incomparable, ses pieds étaient d'une finesse dont on ne connaissait pas d'autre exemple, et son rire faisait penser à la musique des cloches d'argent. Mais, qui plus est, elle était savante, et personne ne savait réciter et chanter les poèmes aussi bien qu'elle. Tous les habitants de l'Empire étaient d'accord pour déclarer qu'elle possédait toutes les vertus qu'une jeune fille peut avoir. On lui faisait cependant un reproche, un seul : elle refusait de se marier. Toutefois, comme son père la priait et la suppliait, elle déclara qu'elle consentirait à prendre pour époux celui qui lui apporterait une rose, mais une rose comme on n'en avait encore jamais cueilli en Chine, une rose bleue.

Dès que les prétendants à la main de la jeune fille,

qui appartenaient tous aux meilleures familles du pays, apprirent que la princesse acceptait de se marier en posant une condition singulière, ils se précipitèrent pour découvrir la rose bleue.

Certains de ces prétendants, qui n'avaient ni la persévérance ni les possibilités de poursuivre leurs recherches, abandonnèrent bientôt leurs espoirs. Cependant, trois prétendants s'obstinèrent pour se disputer la main de la princesse.

Le premier était un des plus grands marchands du pays.

Il était immensément riche, presque aussi riche que l'empereur lui-même. Il fit rechercher chez les fleuristes du monde entier une rose bleue. Mais personne n'en avait jamais entendu parler. Désespéré, le marchand se rendit chez le fleuriste le plus célèbre de la capitale et lui dit :

– Si tu trouves la rose bleue, je te ferai riche et puissant, car je deviendrai alors le gendre de l'empereur. Sinon, je te tuerai.

– Accorde-moi trois jours, dit l'homme, tremblant de peur. Je trouverai certainement la rose bleue.

Le fleuriste savait fort bien qu'il n'existait pas de rose bleue. Il alla demander conseil à sa femme, qui était connue pour sa finesse et pour son intelligence. Elle lui conseilla de faire préparer un liquide bleu par un alchimiste et d'y tremper une rose blanche. C'est ce que fit le fleuriste. Et quand le marchand vint réclamer la rose bleue, il la lui présenta. Le marchand, sans perdre un instant, courut au palais de l'empereur. Celui-ci, en voyant la rose bleue, fut enchanté.

Il alla aussitôt la porter à sa fille.

– Ton souhait est exaucé, dit-il. Il ne reste plus qu'à faire préparer la cérémonie des noces, car ce digne jeune homme a trouvé la rose bleue que tu exigeais.

La princesse pâlit et, regardant la rose, elle dit :

– Comment, mon père, avez-vous pu vous laisser tromper aussi grossièrement ? Ce n'est pas une vraie rose bleue. Si un papillon ou un de mes petits oiseaux se posait sur ces pétales, il tomberait mort, empoisonné.

Et elle jeta la rose avec un geste de dégoût. Le deuxième prétendant était un capitaine célèbre. Accompagné de cent cavaliers, il se rendit au pays des cinq fleuves, parce qu'on lui avait dit que c'était le pays des saphirs et des diamants. Il demanda au plus grand orfèvre de la capitale une rose bleue taillée dans un saphir. Quand le bijou fut achevé, tous les habitants admirèrent cette œuvre d'art et déclarèrent qu'ils n'avaient jamais vu un bijou aussi admirable.

L'empereur, quand le capitaine lui présenta cette rose, fut très satisfait, car il était persuadé que sa fille serait, elle aussi, satisfaite. Il alla aussitôt apporter le bijou à sa fille.

– Ton souhait est exaucé, lui dit-il. Il ne reste plus

qu'à faire préparer la cérémonie des noces.

La princesse posa ses yeux couleur de nuit sur la rose bleue qui brillait doucement comme l'eau de la mer qui reflète le ciel, puis elle dit :

– Mon père, ne voyez-vous pas que ce n'est pas une rose, mais un saphir taillé en forme de rose ? J'ai beaucoup de bijoux plus beaux que celui-ci.

Le troisième prétendant était le fils du Premier ministre de l'empereur, un jeune homme dont on vantait l'éducation raffinée et l'excellence de son goût. Il convoqua les plus grands artistes de l'empereur et leur dit :

– Je veux une coupe de porcelaine qui soit plus fine que toutes les porcelaines que vous ayez jamais vues. Et, sur le fond, peignez la plus belle des roses bleues, plus belle que toutes les roses que vous ayez jamais vues.

Pendant trois mois, tous les artistes du pays travaillèrent. Et ils créèrent l'œuvre d'art la plus exquise qu'on ait jamais vue.

L'empereur, en voyant la coupe, fut très satisfait et alla l'offrir à sa fille.

– Ton souhait est exaucé, dit-il. Il n'y a plus qu'à faire préparer la cérémonie des noces.

La princesse prit la coupe entre ses mains aux doigts fins et élancés. Puis elle soupira.

– Cette coupe, en effet, est exquise. Je la garderai,

car elle est digne de servir comme vase pour la rose bleue. Ainsi, le troisième et dernier prétendant fut à son tour refusé.

L'empereur fut au comble de la tristesse. Un beau soir d'été, la princesse, devant sa fenêtre, admirait le coucher du soleil, quand elle entendit quelqu'un chanter.

Le chanteur était un poète qui, par hasard, passait devant le palais de l'empereur. Dès qu'il se tut, il vit la silhouette d'une jeune fille sortir de la porte du jardin. Elle lui tendit sa main fine et douce et le jeune homme la prit et l'embrassa.

– Je désire t'épouser, dit le poète à la jeune fille.

– Hélas ! répondit-elle, je suis la fille de l'empereur, et celui qui veut m'épouser doit apporter une rose bleue. Jusqu'à présent, personne n'a réussi.

– Je la trouverai, dit le poète. Il y a partout des roses bleues.

Dès que l'aube parut, il cueillit une rose blanche qu'il trouva au bord de la route et il l'apporta à l'empereur. Celui-ci la présenta à sa fille avec un sourire :

– Voici, ma fille, ce qu'un jeune poète prétend être la rose bleue !

La princesse prit la rose et dit sans hésitation :

– En effet, mon père, voici la rose bleue ! Elle est belle comme la vie elle-même.

L'empereur mit longtemps à revenir de son étonnement. Et, à la Cour, on entendit des protestations :

– Mais cette rose n'est pas bleue… disait-on.

La princesse, par contre, déclara que toute la Cour avait de mauvais yeux et affirma :

– Cette rose est bleue, c'est moi qui vous le dis ! Regardez bien, et vous verrez que la rose est d'un bleu merveilleux !

Alors toute la Cour se tut. La princesse épousa le poète, et il furent très heureux. Les chants et les rires, la poésie et la musique remplissaient désormais le palais impérial, et ce fut une joie sans fin.

In *Histoires merveilleuses des 5 continents,* Philippe et Ré Soupault
Éditions Seghers, 1985

LA PLUIE DE NOUILLES
d'après un conte provençal

Il était une fois, dans un quartier d'Aubagne, un homme fort affligé par la bêtise de sa femme. Certes, celle-ci ne le faisait pas exprès, mais les nombreuses bourdes qu'elle commettait faisaient de leur vie un véritable calvaire et menaient même leur ménage à la ruine.

Un jour qu'elle avait dépassé les bornes, il attendit la nuit et, fou de rage, profita de son sommeil qu'elle avait lourd comme une meule de pierre, pour lui enduire les yeux avec de la poix de cordonnier. Ainsi aveuglée, il la conduisit sur le dos de sa mule dans l'arrière-pays. Il la jucha à la cime d'un arbre et tourna les talons, ne voulant plus entendre parler d'elle.

La femme, privée de la vue et en équilibre dangereux sur sa branche, allait se lamenter lorsqu'elle entendit du bruit au pied de son arbre. C'étaient deux larrons qui venaient de détrousser un riche commerçant d'Aubagne et qui étaient venus dans ce lieu retiré, pour compter leur butin et se réchauffer un peu. La femme comprit vite que ceux qui étaient en bas avaient allumé un grand feu car une chaleur intense montait jusqu'à elle. La poix sur ses yeux se mit alors à fondre.

– Et d'un ! cria-t-elle lorsque son œil gauche fut libéré.

Les deux brigands se levèrent d'un bond.

– Qu'est-ce que cela peut être ? dit l'un.

– Peut-être un spectre, répondit le second.

Ils n'eurent pas le temps de se rassurer que la femme s'écria :

– Et de deux ! quand son œil droit fut débarrassé de la couche de colle.

Les bandits, persuadés qu'ils avaient affaire à un esprit malfaisant, abandonnèrent le lieu et leurs pièces d'or. La femme descendit de son arbre et, bien que sotte, ramassa le petit trésor répandu sur le sol et s'en retourna chez elle.

Elle tira son mari du sommeil à grands coups de poing dans la porte. Celui-ci l'envoya d'abord au diable, mais devant les coups redoublés, il descendit ouvrir.

– Regarde ce que je t'apporte, dit la femme ravie.

L'homme se demanda s'il n'était pas en train de rêver. Puis, reprenant ses esprits, il s'empara de l'argent et se mit à le compter. Pendant qu'il alignait ses piécettes, il se dit que jamais sa femme ne pourrait tenir sa langue et qu'un jour prochain, il verrait débarquer les gendarmes chez lui.

Il eut alors une drôle d'idée et voici ce qu'il fit.

Tout d'abord, il remercia sa femme avec beaucoup de chaleur et lui dit d'aller se coucher. Il partit dans le petit jour et tira l'épicier de sa couche pour lui acheter tout son stock de nouilles. Revenu chez lui, il les fit cuire dans une grande marmite puis alla les éparpiller sur tous les arbres de son jardin.

Quelques heures plus tard, la femme s'étant éveillée, elle appela son mari :

– Viens voir, il a plu des nouilles cette nuit.

– Tu ne vas pas recommencer à me raconter des sornettes ! s'écria le mari.

– Je ne te raconte pas d'histoires, viens donc voir par toi-même, répondit la femme.

– C'est ma foi vrai, fit semblant de s'étonner l'époux sans scrupules, c'est vraiment une étrange chose que cette pluie de nouilles.

Or, comme il l'avait fort justement pensé, la femme n'attendit pas bien longtemps pour parler de sa trouvaille. Elle prétendit que son mari ne la battait plus depuis qu'elle lui avait ramené un gros sac d'or. La nouvelle parvint aux oreilles du juge qui convoqua le mari, afin qu'il réponde de l'accusation que le notaire détroussé avait porté contre lui.

À la lecture de l'acte d'accusation, celui-ci jura ses grands dieux qu'il n'avait pas l'argent qu'on lui réclamait. Sa femme, qu'on avait citée comme témoin, se récria :

– Comment ? Tu ne te rappelles pas de cet argent ? C'est moi-même qui te l'ai ramené la nuit où j'étais devenue aveugle !

Le mari se contenta de hausser les épaules et reprit sa défense.

– Vous ne pouvez faire confiance à ma femme, elle n'a aucun bon sens et raconte n'importe quoi.

Le juge interrogea la femme car cette histoire d'aveuglement le rendait perplexe :

– Pouvez-vous dire précisément quel jour vous avez ramené cet argent à votre époux ?

– Oh, pour ça, c'est bien facile à se rappeler… C'était le jour de la nuit où il a plu des nouilles, répondit la malheureuse.

– Conduisez-moi cette vieille folle à l'asile, s'écria le juge, outré qu'on puisse lui faire perdre son temps.

Et il acquitta le mari sur-le-champ.

Celui-ci retourna chez lui, et au bout de quelque temps alla tirer sa femme de l'asile. Avec la fortune qu'elle lui avait rapportée, il n'eut plus besoin de travailler et il put s'occuper d'elle. À compter de ce jour, elle ne fit plus de bêtises et ils vécurent heureux.

Adaptation de Daniel Royo

TABLE DES MATIÈRES